JN029203

Check & Stripe
for Ladies
Sewing Remedy

野の花や草を摘み　摘んだ花を水に浮かべ、

生まれたエッセンス

それを口にすると不安な気持ちがすっと消えてしまうという

フラワーレメディーという療法のように

花のような色の布を手に取って、

やわらかな手触りに触れたときや

干し草のようなリネンの匂いを嗅いだときにも

心が落ち着いてくるのがわかります。

糸と針を持ち、洋服を作る

やさしさに満ちた指先から生まれるもの

それは透明な瓶の中できよらかに輝き、やがて結晶になり、

ソーイングレメディーとして、私たちの心を満たしてくれます。

CONTENTS

For Spring and Summer

SEE P.16,34

森の絵のリバティプリントをながめているうちに

いつのまにか物語がはじまりました。

SEE P.16,35

9
ローズマリー
レッドクローバー
ハニーサックル
クレマチス
薬効のある花を探して植物採集に。
草原はリネンのような
香りがしていました。

SEE P.16,34

A

For Spring and Summer

A フロントギャザーの ワンピース

前身頃にゴムでギャザーを施したシンプルなデザイン。麦わら帽子、バスケット、編み上げブーツ。お気に入りのコーディネート。

HOW TO MAKE P.58

B ハーブのラップコート

Aのワンピースにリバティプリントのコートを重ねて。リボンで体を包むように巻いて着用します。22ページのように、前を開けて着るのも素敵な着こなし。

HOW TO MAKE P.61

C
D
M

C Vネックプルオーバー

袖にギャザーを寄せて、ふんわりとさせました。手に持ったリボンをつけると、ボータイのブラウスとして、また違った着こなしに。

HOW TO MAKE P.64

D

Front Style

Back Style

D デイリー オーバーオール

子どものころ、オーバーオールを着るとワクワクした気持ちは、大人になった今も続いています。シンプルなオーバーオールのポケットにはガーデングローブを入れて。

HOW TO MAKE P.70

Front Style

E ダブルボタンの ジャケット

ダブルボタンの洋服は特別な日に着る幼いころからのあこがれ。たっぷりした袖、後ろ身頃のタックで遊び心をもたせたデザイン。

HOW TO MAKE P.67

Back Style

F フローラルパンツ

オーバーオールからアレンジしたパンツ。花びらのようなウエストが特徴です。ポケットにはTのポーチを入れて。ワンピースと合わせて、裾から少し見せるのもかわいい。

HOW TO MAKE P.74

Front Style

G スタンダード ギャザーワンピース

控えめなギャザーが上品なワンピース。さらりとした着心地の柔らかなコットンで作りました。合わせる靴によって長さを調節したり、後ろのあきのリボンの色を替えたり……と、工夫が楽しいデザイン。

HOW TO MAKE P.76

Back Style

H

I

H 小さな衿の ローウエストワンピース

小さな衿、ローウエスト、たっぷりしたギャザー、大好きなエッセンスが詰まったワンピース。動くたびに揺れる軽やかさが魅力です。布を替えてもかわいいデザイン。

HOW TO MAKE P.81

I フラワーシード ポシェット

斜めがけの小さなポシェットにはハーブの種を入れて。コーディネートのアクセントにもなるポシェットは布を替えてたくさん作りたくなるラブリーなアイテム。

HOW TO MAKE P.80

TREES

お気に入りのクロスを敷いて、薬草園でひと休み

ぽつりぽつりと囲むように咲いている足もとのかわいい花

レメディーのレシピブックを読みながら、瓶の中にハーブを浮かべて

花言葉は、幸福、永遠、楽しい思い出

SEE P.11.20

J
K

J フローラル パッチワークスカート

ブルー系のリバティプリントをパッチワークのように組み合わせ、スカートにしました。チェックやストライプ、いろいろな布で組み合わせて作ってみてください。

HOW TO MAKE P.84

K スタンダード ギャザーブラウス

Gのワンピースを短くしてブラウスにアレンジしたデザイン。清潔感のあるコットンリネンで。後ろあきはGのようにリボンにしても、ボタンにしても。

HOW TO MAKE P.79

L
M

L プリーツラップスカート

トラディショナルなプリーツスカートを、ラップスカートにしてみました。長方形の布にプリーツを作る過程は意外と簡単。しっかりアイロンをかけず、ふんわりとさせた着こなしです。

HOW TO MAKE P.86

M ペタルブラウス

花びらのように重なった後ろ身頃が印象的なAラインのブラウス。着用したときに動きが生まれます。

HOW TO MAKE P.88

SEE P.27

花びらのようなブラウスを着て、

草原で見つけた花。

ひとつひとつに花言葉があるように、

効用があることを知りました。

Front Style
Side Style

N サイドボタンの
プルオーバー

たっぷりした身頃、サイドのボタンがアクセントになっている後ろ下りのデザイン。下に合わせているのはFのパンツ。プルオーバーと同じ布で作って、セットアップに。

HOW TO MAKE P.90

O
F
I

O スクエアネックの ギャザーブラウス

少しハイウエストのたっぷりしたギャザーのブラウス。Iのポシェットや Fのパンツと合わせたワントーンコーディネート。

HOW TO MAKE P.92

P シンプル A ライン ワンピース

ほんの少しAラインのドロップショルダーのワンピース。しなやかな布と張りのある布ではシルエットが変わり、それぞれに楽しめます。

HOW TO MAKE P.94

Q ティーバッグ バッグ

紅茶のティーバッグのようなバッグ。ラベル部分のかわいいリバティプリントがアクセントに。チェックやストライプで作っても。

HOW TO MAKE P.96

Front Style

Back Style

R フローリスト エプロン

お花屋さんが身につけるような、たっぷりとしたエプロン。身頃を広げて、きゅっと巻くとワンピースのようにも使っていただけそう。チェックのブラウスと、ストライプの組合せを楽しんで。

HOW TO MAKE P.98

R
E
U

R フローリスト エプロン

フローリストエプロンとUのワンピースの布地を替えて。トーンの違うグリーンのブロックチェックのレイヤードは、気持ちが春めく装いです。

HOW TO MAKE P.98

S フラワーマーケット バッグ

Uのワンピースにのジャケットを重ねた爽やかな着こなしに合わせて。フラワーマーケットで見つけた花やハーブもたくさん入りそう。

HOW TO MAKE P.97

T サンドイッチポーチ

ギンガムチェック、リバティプリントで作ったポーチをきなりのコットンのポーチではさんで、サンドイッチのように重ねました。琺瑯のボウルの中で、やさしいエッセンスが生まれますように。

HOW TO MAKE P.104

U バルーンスリーブのワンピース

後ろ下りのデザインのワンピース。ゴムを内側に入れ、袖をふんわりさせて着こなします。後ろのタックがたっぷりしたシルエットを作ります。

HOW TO MAKE P.100

Front Style

V バルーンスリーブのブラウス

Uのブラウスバージョンを、カモミール色の刺繡の布で。横姿はふわっと愛らしく、後ろ姿のタックは凛とした佇まいに。

HOW TO MAKE P.103

Side Style

Back Style

SEE P.20,24

D

For Autumn
and Winter

D デイリー オーバーオール

14ページのオーバーオールを秋冬仕様に。干し草のような色のコーデュロイで秋の着こなし。黒いタートルやソックスと合わせて。

HOW TO MAKE P.70

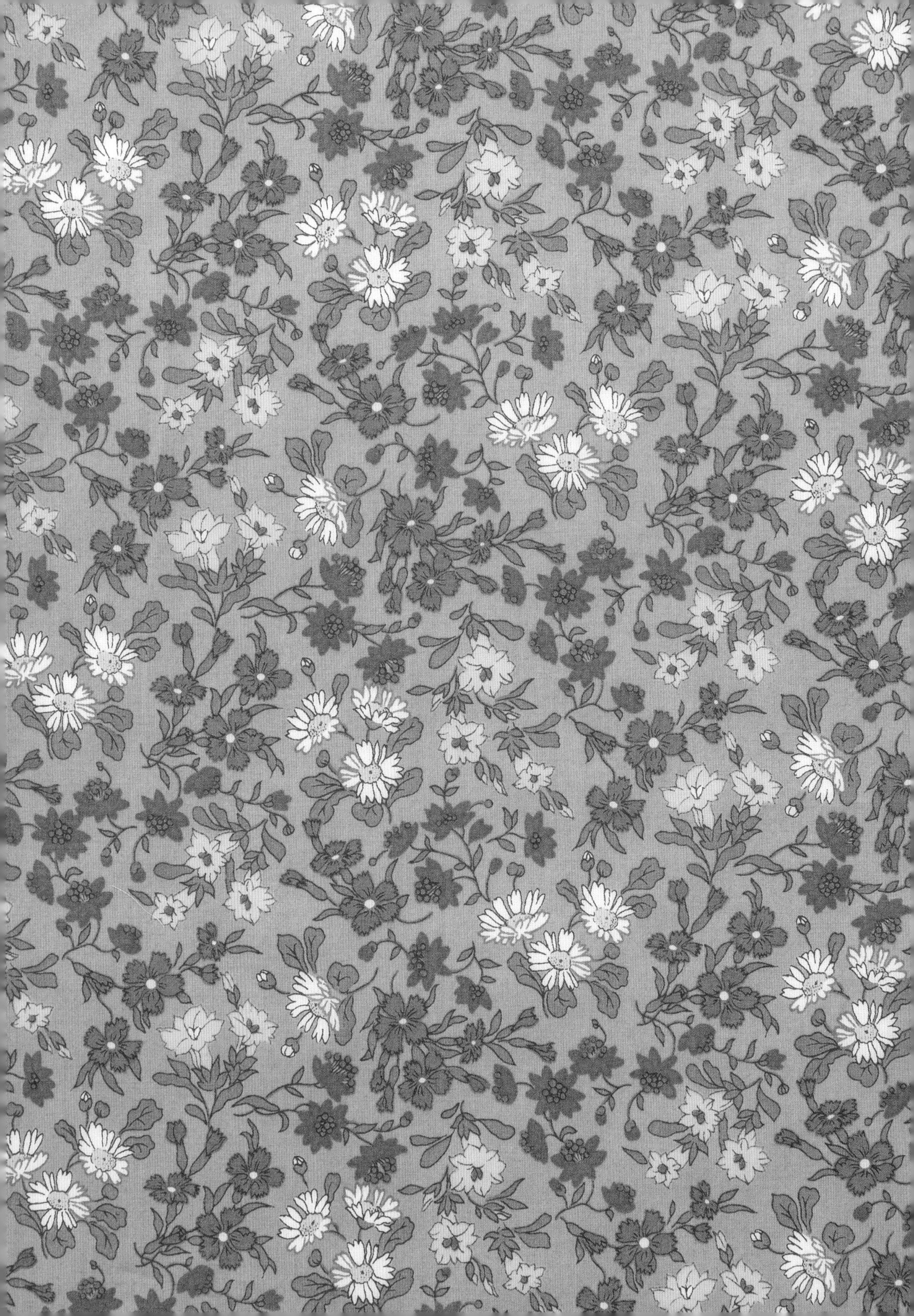

B ハーブの ラップコート

11ページのコートを暖かい素材で作りました。ホットミルクのような色合いのコーディネート。コートのリボンを片側に結んで着こなしのアクセントに。

HOW TO MAKE P.61

W ダブルボタンの コート

よそいきの気分で着るダブルのコートは別珍のくるみボタンを使って。裾からパッチワークスカートを見せた着こなし。

HOW TO MAKE P.106

X カシミヤの ニット帽

カシミヤの肌触りが気持ちいいニット帽。肌寒い日には冷たくなった耳をあたためて。

HOW TO MAKE P.105

L プリーツ ラップスカート

冬素材のグレーのスカートは、26ページの布地違いです。しっかりとアイロンをかけて、きちんとした上品な雰囲気に。

HOW TO MAKE P.86

Index　この本に掲載している作品

TOPS

C

Look....12,13　How to make....64　Pattern....side A

K

Look................ 25
How to make.. 79
Pattern........... side D

M

Look................ 27
How to make.. 88
Pattern........... side D

N

Look................ 29
How to make.. 90
Pattern........... side C

O

Look................ 30
How to make.. 92
Pattern........... side D

V

Look................ 38
How to make.. 103
Pattern........... side C

BOTTOMS

D

Look....14,42　How to make.... 70
Pattern.... side B

F

Look....17,29,30　How to make.... 74　Pattern.... side B

J

Look.... 24　How to make.... 84

L

Look.... 26,47　How to make.... 86

BAGS / POUCHES

I

Look.... 20,30,31　How to make.... 80

DRESSES

A

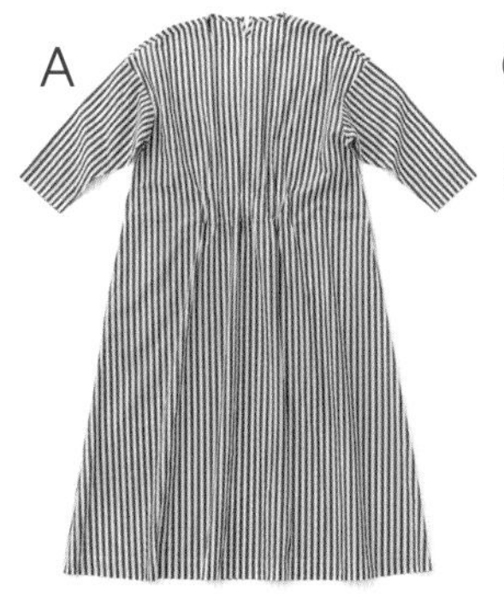

Look............... 10
How to make.. 58
Pattern........... side C,D

G

Look............... 18
How to make.. 76
Pattern........... side D

H

Look............... 20
How to make.. 81
Pattern........... side A

P

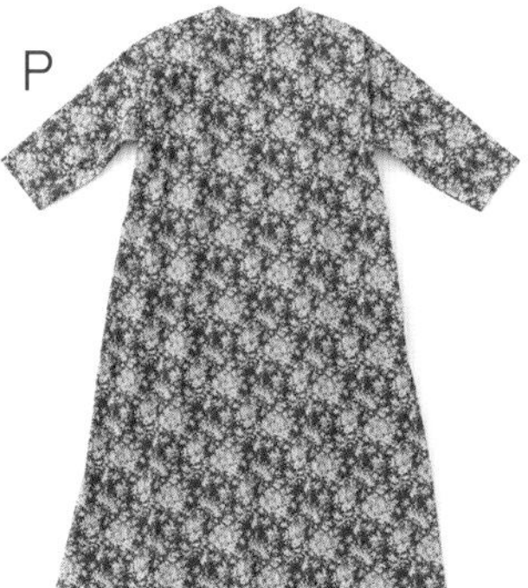

Look............... 31
How to make.. 94
Pattern........... side C

U

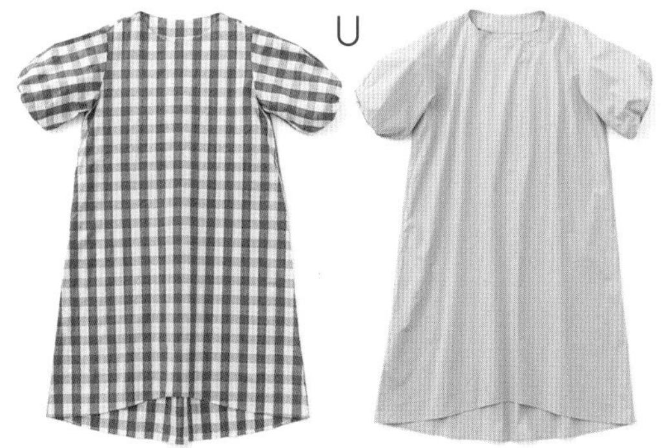

Look.... 35,37 How to make.... 100 Pattern....side C

APRONS

R

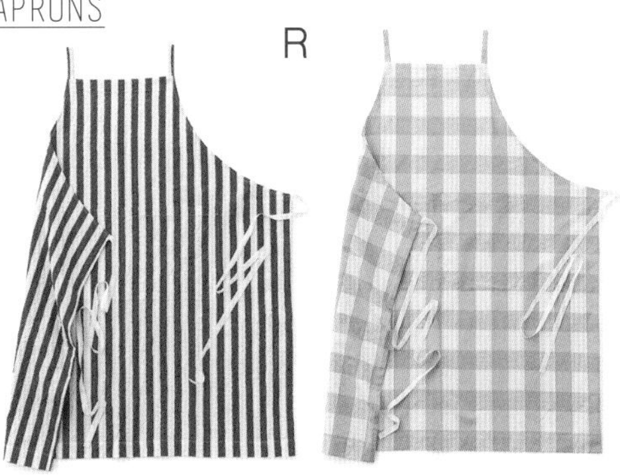

Look.... 32,34 How to make.... 98 Pattern....side D

COATS / JACKETS

B

Look.... 11,45 How to make.... 61 Pattern....side A

E

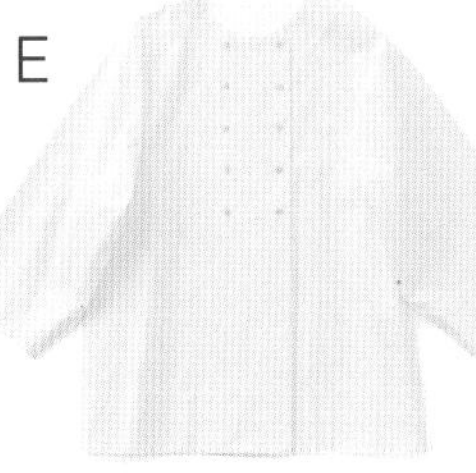

Look............... 16
How to make.. 67
Pattern........... side B

W

Look............... 46
How to make.. 106
Pattern........... side A,B

Q

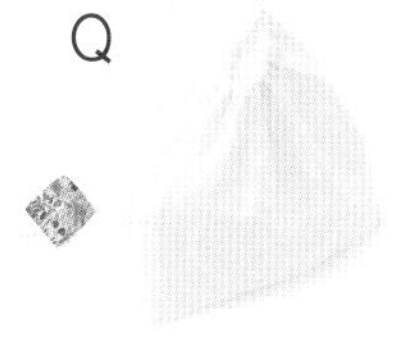

Look............... 31
How to make.. 96
Pattern........... side B

T

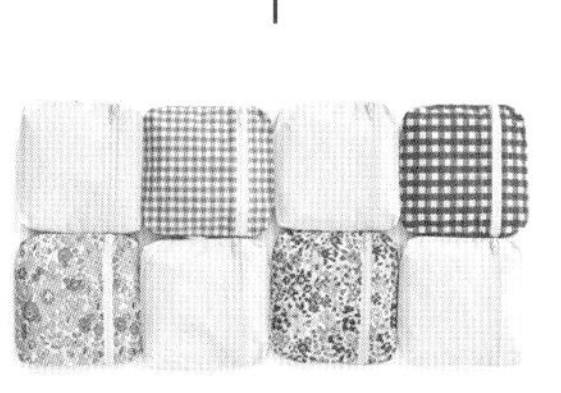

Look.... 36 How to make.. 104

S

Look.... 35 How to make.. 97

CAP

X

Look............... 47
How to make.. 105
Pattern........... side B

Staff Coordinate　スタッフコーディネート

リネンのブラウスの
衿もとをちらりと
のぞかせて。

春先にはおるコートが
欲しくて、軽めの
コットン素材をセレクト。

かごバッグで春らしい
軽やかさを演出。

Jのフローラルパッチワークス
カートをやさしいリネンのホワ
イトで。

ホワイトレザーの
エスパドリーユで
足もとはシックに。

W ダブルボタンのコートを
ナチュラルコットンHOLIDAYで

袖回りや丈感がたっぷりしていて、
コーディネートの主役になるようなコートです。
中に着るものを選ばず、何にでも合わせやすくて重宝しそう。
前を開けて着るのもまた違った雰囲気でおすすめです。

身長162cm Mサイズ着用

D デイリーオーバーオールを アルチザンコットンで

オーバーオールというとダボっとしたイメージですが、
腰回りや胸当て部分などちょうどよいサイズで、
すっきり着ることができました。
ギャザーやフリルが入ったトップスを合わせて、
少し女性らしい着こなしとも相性がよさそうです。

身長 155cm S サイズ着用

とても風合いがあって
オールシーズン使える
コットンを選びました。

ビタミンカラーのカーディガンは、白と合わせることでどちらの色も引き立ちます。

バッグをレザーにすることで大人っぽさをプラス。

足もとは定番のコンバーススオールスターで。

U バルーンスリーブのワンピースを my favorite cotton で

後ろのタックや前後の着丈の違いで立体感が出て、
ラインがとてもきれいです。
袖口のゴムを裏に返すだけで袖がふわっとするので、
1 枚でさらっと着るだけでも雰囲気を出しやすいです。

身長 159cm M サイズ着用

ゴールドのリングが上品な
ネックレスでドレスアップ。

控えめな光沢が高級感を
出してくれるので、
この布を選びました。
程よい張りがあるので、
ふんわり袖にもぴったり。

アンティークのビーズバッグは繕いながら大切に使っています。

太めのストラップがかわいいレザーのフラットシューズを合わせて。

Fabrics

この本で使用した布

この本で使用した布をすべてご紹介します。
C&S は CHECK&STRIPE の略です。

P.10 A
C&S オリジナル　コットンパピエ ストライプ　ネイビー（7mm 幅）

パピエはダブルワッシャー加工というしわを特殊に出す珍しい加工方法で仕上げ、くしゃっとした表面感を強調しています。ネイビーはできるだけ濃くはっきりした色に仕上げました。

P.11 B
リバティプリント
Claire-Aude（AE ブルー系）

小花モチーフをラフなタッチで描いた柄。咲き乱れるように描かれた緻密な花柄は、1982 年に初めてクラシックコレクションで発表されて以来、リバティファンに愛され続けています。

P.12 C, P.31 Q
リバティプリント　Strawberry Thief Spring（AE ブルー系）

ウィリアム・モリスによりデザインされた有名なプリントをリデザインした「ストロベリー・シーフ・スプリング」。2020 年のコレクションで、明るい背景色に変更され、軽やかな印象になりました。

P.13 C
C&S オリジナル
天使のリネン　マッシュルーム

静岡県で細番手の糸を丁寧に時間をかけてあまく織り、さらに和歌山県で時間をかけて染めることによって、独特の風合いを出しました。1 日に 50m しか織れない透明感のある貴重なリネンです。

P.14 D
C&S オリジナル
ボーイフレンドチノクロス　きなり

備後地方で高密度に織り上げた布を生機の状態のまま小さな窯で洗っているため、ナチュラルでふくらみのあるチノクロスに仕上がっています。独特の洗いと風合いが持ち味の希少なコットン。

P.16 E
C&S オリジナル　ナチュラルコットン HOLIDAY　ホワイト

休日にはナチュラルなコットンの洋服を楽しんでほしいという想いから作りました。適度に生まれた張り感が独特の表情を作ります。季節を選ばない、目が詰まった定番のコットンです。

P.17 F, P.20 I
リバティプリント　Annabella（BE ピンク・ライトブルー系）

1930 年代の典型的な花柄。小さな生地見本からリドローされた様々な種類の花が描かれたデザイン。白地にピンクとブルーのパステルカラーの可憐な色合いは春の訪れを感じさせてくれます。

P.18 G
リバティプリント　Maria（YE グレー地にブルー・ラベンダー系）

1988 年にデザインされ、1991 年春夏コレクションとして英国で発表されました。小さく描いたデイジー、ブルーベル、ナデシコの花が咲き乱れる可憐な柄です。

P.20 H
C&S オリジナル
コットンパピエ　ブラック
パピエとはフランス語で「紙」。紙のようにぱりっとした定番のコットン。スーピマ綿の毛羽の少ない細番手の糸を兵庫県西脇市で高密度に織り、ワッシャー加工を施した１日に約 100m しか織れない貴重な布。

P.20 I
C&S オリジナル
海のブロード　ペパーミント
お客様にも人気があるロングセラーのコットン。清涼感のある爽やかなペパーミントの色は、薄荷の香りがしそうなフレッシュな空気感を表現するため、微妙な色合いにこだわり静岡県で染色しました。

P.24 J
リバティプリント
Edenham（LHE ネイビー系）
明るく軽快なこの柄は、アイボリー系の淡色グランドの配色、ネイビーなどの濃色グランドの配色など、数多くの配色のバリエーションがあります。四季を問わず使え、華やかな上品さがある柄。

P.24 J
リバティプリント
Edna（DE ブルー系）
美しさ、謙虚、幸せの復活を象徴するスズランに、愛を象徴するハコベ、永遠の美を表わすニオイアラセイトウ、夫婦の愛、不死、忠誠を表わすツタを加えて手描きし、色づけをした華やかな柄です。

P.24 J
リバティプリント　Emilia's Flowers（ZE ブルー系）
2010 年春夏に発表されたリバティプリント特有の密集した小花柄。アーカイブに保管されている資料にあった、らせん状に描かれた美しいバラの生地見本をもとに、丁寧に描きなおされました。

P.24 J
リバティプリント Maria
（ZE ネイビー系）
デイジー、ブルーベル、ナデシコが描かれたかわいらしい花柄は、1991 年春夏コレクション用に 1988 年に描かれました。シックな地色に白い花が浮き立つこの色は華やかさと若さを感じさせます。

P.25 K
C&S オリジナル　コットンリネンレジェール　ホワイト
CHECK&STRIPE の夏の定番の綿麻の布。撚りの強い糸を使用しているためしゃり感があり、薄手で透け感があります。少しワッシャーがかかってカジュアルな風合いのある和歌山県産の布。

P.26 L, P.50 J
C&S オリジナル
やさしいリネン　ホワイト
リネンの細い糸で柔らかな肌触りを大切に愛知県で織ったリネン。張り感の中にやさしさをプラスした、その名のとおりやさしい肌触りのリネンです。清楚な印象のあたたかみのある白にこだわりました。

P.27 M, P.31 I
C&S オリジナル　コットンパピエ
ギンガムチェックブルー（7mm 幅）
P.10 A の色柄違い。チェックとストライプはたて糸を共通で織ることができるため、同時に作ることがよくあります。作り手にとっても楽しいこと。ブルーはやさしく、明るい色に。糸から染めて作りました。

P.29 F, N
C&S オリジナル
海のブロード　ネイビーブルー
単なるブロードとは一線を画したオリジナルのブロード。コットンの素朴でやさしい質感を生かし、静岡県で染めたブロード生地。できるだけ科学的な処理をせず洗いをかけたナチュラルなしわが特徴です。

P.30 O
C&S オリジナル
my favorite cotton　グレージュ
その名のとおり、こんなコットンがあれば……と企画し、やっと完成した布。グレージュはコーディネートしやすい落ち着いた色。日本人の肌の色になじみやすいやさしい色を考えました。

P.30 F, I
C&S オリジナル　ナチュラルコットン HOLIDAY　オートミール
P.16 E の色違い。静岡県浜松市で染めたオートミールのようなグレイッシュな色は、顔映りもよく、使いやすい色です。あまり透け感がないので、ボトムスにもよく使われる縫いやすいコットンです。

P.31 Q
リネン　ホワイト
ソフトな風合いを出すために、麻のこしを折り、国内で製織。和歌山県で加工し、しっとりとした柔らかさをプラス。ロングセラーのリネンは作るものを選ばず洗う度に柔らかさが増します。

P.31 P
リバティプリント
Makindra（CE ブルー系）
1998 年春夏コレクションの柄で、様々な花が束ねられたブーケ調にレイアウトされている抜染のデザインです。濃い地色の中に美しい花々がくっきりと浮かび上がる華やかな柄になっています。

P.31 I
C&S オリジナル
コットンパピエ　ホワイト
P.20 H の色違い。兵庫県西脇市で高密度に織り上げ、さらに洗い加工でナチュラルなイメージに仕上げています。あまり透け感がないので、ブラウスやシャツ、ワンピースにも活躍します。

P.33 R
C&S オリジナル　sunny days stripe　ブルー×ホワイト 太
兵庫県西脇市に隣接する多可町で織ったさらりとしたコットンに、くしゃっとした強めのワッシャー加工をし、ナチュラル感を表現しました。

P.34 R
C&S オリジナル　洗いざらしのハーフリネンダンガリーブロックチェック　グリーンアップル
ハーフリネンをワッシャー加工しているため独特の表面感があり、カジュアルな雰囲気がある新潟県産の布。青りんごのようなグリーンのブロックチェック。

P.34 U
C&S オリジナル　洗いざらしのハーフリネンダンガリーブロックチェック小　イングリッシュハーブグリーン
P.34 R の柄の大きさと色違い。たて糸は 30 双糸コットン、よこ糸は 60 番手リネンで織り、ワッシャー加工しています。たてよこの糸の違いがナチュラル感を生んでいます。

P.35 S
リバティプリント　コーティング
Glencot House
（◎ J19A ペールトーン）
気持ちのよい春の日にグレンコットの丘をスケッチし、伝統的なトワル・ドゥ・ジュイをモダンにアレンジした柄。広大な敷地に囲まれた全盛を極める邸宅の姿を描いています。

P.36 T
C&S オリジナル　ナチュラルコットン HOLIDAY　きなり
P.16 E の色違い。HOLIDAY はパンツやジャケットなどの洋服だけでなく、この作品のように雑貨やインテリアなどにも使える万能選手。静岡県で仕上げています。

P.36 T
C&S オリジナル
海のブロード　ホワイト
お客様にとても人気があるこのコットンは、国産にこだわり、愛知県や大阪府など、製織の場所を変えています。清楚なホワイトはブラウスやシャツにも人気の定番色です。

P.36 T
C&S オリジナル　コットンパピエ
ギンガムチェック　グリーン
独特のワッシャー加工によって、きれいな中にもナチュラルな雰囲気があり、縫いやすい布です。シャツやブラウス、ワンピースなどに。先染めのチェックは明るいグリーンの色にこだわりました。

P.36 T
リバティプリント
Betsy（DE エメラルド系）
1933 年に DS というデザイナーがリバティ社の為にデザインした柄。DS は人気のある柄を多く残しており、この柄も 1982 年にクラシックコレクションに加入以来不動の人気柄となっています。

P.36 T
C&S オリジナル　コットンパピエ
ギンガムチェック　赤（7mm 幅）
P.27 M の色違い。えんじ系でもない、オレンジ系でもない、発色のいい赤の糸で織りました。ワッシャー加工で、紙のような手触りに。パピエはなかなか他の工場では織れない貴重な定番のコットンです。

P.36 T
リバティプリント　Annabella
(CE 赤・ピンク系)

P.17 F の色違い。赤や黄色、ブルーの花を描いたこの CE という配色は、少しオリエンタルな雰囲気もあり、華やかさがあります。大きすぎず、小さすぎず、使いやすい大きさの上品な花柄です。

P.37 U
C&S オリジナル　ナチュラルコットン HOLIDAY　グレイッシュピンク

P.16 E の色違い。40 番手の単糸を高密度に織り、静岡県浜松市で染色。適度な張りが独特の表情を作ります。透け感も少なく、ワンピースに最適。日本人の肌の色に合うやさしいシックなピンクを追求しました。

P.38 V
C&S オリジナル　カモミールスカラップ　マッシュルームにイエロー

カモミールをイメージした刺繍の布。表糸にゆとりをもたせ裏糸を締めることにより花の部分をふっくらさせるという北陸の職人のテクニックが光る生地。耳にスカラップを施し、よりロマンティックに。

P.42 D
C&S オリジナル　フレンチコーデュロイ 太うね　カーキ

畝の太さが細畝コーデュロイの約 3 倍。厚みのあるしっかりとしたコーデュロイを静岡県で染めました。ふんわりとした肌触りでナチュラルな光沢がありしなやかな風合いが特徴のあたたかい布です。

P.45 B
C&S オリジナル　ウール
マフィーユ　オフホワイト

生地になるべくテンションをかけず、通常の仕上げ方法の約 3 倍の時間をかけて 1 反ずつ洗うことにより、たて糸とよこ糸が自然に少しずつ収縮した、ふんわりと膨らみのある愛知県産のウールです。

P.46 W
ベルベット　ブラック

歴史のある静岡県のベルベット専門メーカーで生産された特別なベルベット。一巻き一巻き丁寧に手作業で巻かれていて、上品な光沢があります。黒という色の本来の美しさが華やかに映える布です。

P.47 L
C&S オリジナル
フランネル ラパン　杢グレー

ラパンとはフランス語でうさぎ。寒い季節の洋服に使える兵庫県西脇市産のコットンのフランネルです。糸に極力負担をかけないようにローテンションで織り上げ、肌触りのよさを出しました。

P.47 X
C&S オリジナル
カシミヤフリース　グレー

カシミヤ 100% のニットを圧縮して起毛を施し、フリース調に仕上げています。ふんわりとして軽く保温性にも優れています。愛知県で編んだ、なめらかでやわらかい肌触りのカシミヤニットです。

P.50 W
C&S オリジナル　ナチュラルコットン HOLIDAY　ベージュ

P.16 E の色違い。パンツやスカートなどボトムスやナチュラル感のある軽いトレンチコート、ジャケットにも適した布。着用の際、あまり重すぎないのも魅力の一つ。顔映りのよさにこだわったベージュです。

P.51 D
アルチザンコットン　ホワイト

静岡県で織り、世界に一つだけしかない染色機で岡山県で加工した特別な布。ほどよい厚みがあり、なめらかな肌触りとペーパーライクな風合いが特徴でコートやパンツ、バッグなどにもおすすめです。

P.51 U
C&S オリジナル　my favorite cotton　ブラック

P.30 O の色違い。極細糸を高密度に織ったきめ細やかな織り目が特徴のタイプライタークロス。静岡県で織られた薄くて軽い緻密なコットンは、シャツやブラウス、ギャザーの入ったワンピースにおすすめです。

Shop List

ONLINE SHOP

CHECK&STRIPEは1999年から始まったONLINE SHOPです。リネン、コットン、リバティプリントなど、肌触りのよい、やさしい色合いの布を国内で独自に製作しています。布のほかに、アップリケやリボン、パターンなどもONLINEで24時間お買い物をしていただけます。サイトでは、てづくりをされるお客様に楽しんでいただけるような読み物やスタッフ・お子様のコーディネート例などもご紹介しています。

checkandstripe.com

THE HANDWORKS

THE HANDWORKSでは、お好きな布をお店で選んでいただき、お気に入りのCHECK&STRIPEのデザインで、あなただけのお洋服をお作りします。各SHOPで承っております。※既存のCHECK&STRIPEのパターンやCHECK&STRIPEの書籍のデザイン・サイズでのお仕立てとなります。

the-handworks.com

REAL SHOP

神戸店

三宮センター街を少し南に入った場所にある小さな3階建ての建物。1階のショップでは布以外に、副資材やキットなども豊富にそろえています。2階ではソーイング教室や数々のワークショップを行なっており、3階はイベントスペースになっています。

〒650-0021 兵庫県神戸市中央区三宮町2-6-14
TEL: 078-381-8824
営業時間 10:00-19:00 無休(年末年始を除く)

自由が丘店

定番の布以外に、海外で見つけたボタンやアップリケなど豊富にそろえています。駅から3分という立地のよさで、幼稚園の送迎帰りのママやお仕事帰りのかたにもご利用いただいています。お子様が遊べる小さなコーナーもあり、安心してお買い物していただけます。

〒152-0034 東京都目黒区緑が丘2-24-13-105
TEL: 03-6421-3200
営業時間 10:00-19:00 無休(年末年始を除く)

workroom (自由が丘)

自由が丘店の向かいにある自然光が入るキッチンつきのスペース。ソーイングレッスンや縫い物のほかに、お料理など様々なジャンルのワークショップ、イベントなどを開催しています。じっくり試着していただけるスペースもあるので、お仕立てもゆったりと承ることができます。

〒152-0035　東京都目黒区自由が丘1-3-11-106
TEL:03-6421-3200(自由が丘店共通)

fabric&things (芦屋)

芦屋川沿いにある絶好のロケーション。布だけでなく雑貨コーナーも充実しています。ワークショップを行なっている地下のスペースは設備も整い、ゆったり広々。ソーイングや暮らしにまつわる本をセレクトしたブックコーナーもあります。週末はカフェも。

〒659-0094 兵庫県芦屋市松ノ内町4-8-102
TEL:0797-21-2323
営業時間 10:00-19:00 無休(年末年始を除く)

吉祥寺店

雑貨屋さん、パン屋さんなどでにぎわう大正通りにあります。広く明るい店内には、ソーイングルームもあり、ミシンを4台備え、ソーイングのほか、てづくりにまつわる様々なジャンルのワークショップも行なっています。

〒180-0004　東京都武蔵野市吉祥寺本町2-31-1
TEL:0422-23-5161
営業時間 10:00-19:00 無休(年末年始を除く)

little shop (鎌倉)

鶴岡八幡宮から由比ヶ浜に抜ける若宮大路沿いにあります。小さな店ですが、反物を置く什器が2段になっていて、たくさんの種類のリネンやリバティプリントを用意しています。光と風が入るゆったりした時間の中で、じっくり布を選んでいただけます。

〒248-0014　神奈川県鎌倉市由比ガ浜2-16-1
TEL:0467-50-0013
営業時間 10:00-18:30 無休(年末年始を除く)
※他の店舗と閉店時間が異なりますのでご注意ください。

HOW TO MAKE

●本書では、S、M、Lの3サイズがあります。サイズ表（ヌード寸法）と各作品の出来上り寸法を目安に、パターンのサイズを選んでください。

Size	S	M	L
バスト	79	83	88
ウエスト	59	64	69
ヒップ	86	90	96

●出来上り寸法の着丈は、後ろ身頃の衿ぐりの中心から裾までをはかったものです。

●モデルの身長はともに167cm、Mサイズを着用しています。

●コットンやリネンの布は洗うと縮む可能性があるので、裁断する前に水通しをし、地直ししてください（→ p.111）。

●付録の実物大パターンには縫い代が含まれていないので、縫い代つきのパターンを作ります。ハトロン紙に線を写し取り、合い印、布目線、あき止り、パーツ名なども書き写します。作り方ページの裁合せ図に指定してある縫い代をつけて線を引き、ハトロン紙を縫い代線にそって切り取ります。

●直線だけのスカートやひもなどは、裁合せ図や製図に記載の寸法を見てパターンを作るか、布地に直接線を引いて裁断します。このときも、指定の縫い代をつけるのを忘れずに。

●裁合せ図はMサイズで見積もっています。裁合せ図を参照して布地の上に縫い代つきパターンを配置します。作りたいサイズや布幅や柄によって配置や布の使用量が変わる場合がありますので、あらかじめ、すべてのパターンを置いてから裁断しましょう。

●裁断したら、パターンを布地にとめたままチョークペーパーをはさんでルレットで印をつけます。ただし、白い布地を縫うときはチョークペーパーを使わず、へらを使って印つけをすることをおすすめします。

●作り方に記載されているジグザグミシンの処理は、ロックミシンでも可能です。

●作り方ページのイラストの中の単位はcmです。

A フロントギャザーのワンピース

page 10 実物大パターンC,D面

出来上り寸法	S	M	L
バスト：	112cm	116cm	121cm
着丈：	116cm	118cm	120cm
袖丈：	35cm	36cm	37cm

モデル（身長167cm）はMサイズで着丈＋5cmのものを着用しています

材料　左からS／M／Lサイズ

表布：C&Sコットンパピエストライプ（ネイビー 7mm幅）105cm幅 3.3m／3.4m／3.4m
接着テープ（前ポケット口）：1.5cm幅 40cm
ゴムテープ：5cm幅 22cm

縫い方順序

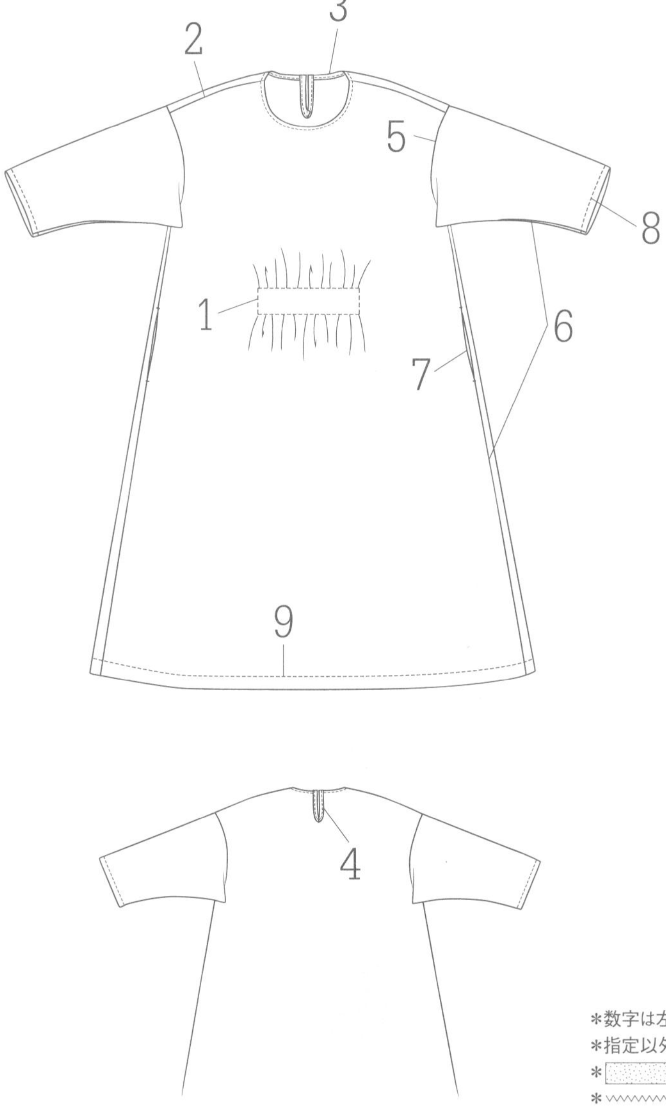

裁合せ図

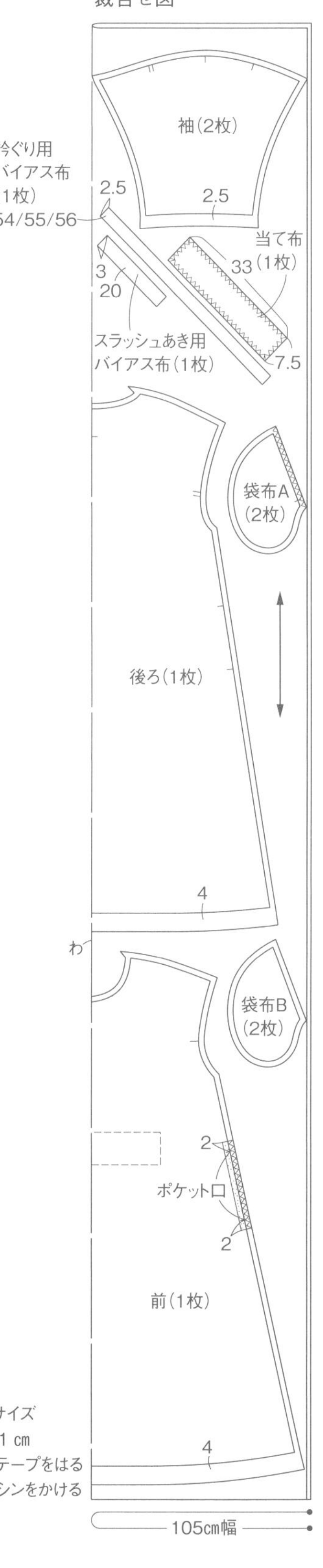

袖（2枚）
衿ぐり用
バイアス布
（1枚）
54/55/56
2.5
2.5
当て布
（1枚）
33
3
20
スラッシュあき用
バイアス布（1枚）
7.5
袋布A
（2枚）
後ろ（1枚）
4
わ
袋布B
（2枚）
2
ポケット口
2
前（1枚）
4
105cm幅

＊数字は左からS、M、Lサイズ
＊指定以外の縫い代は 1 cm
＊［点描部分］は裏に接着テープをはる
＊［波線］はジグザグミシンをかける

1. 前身頃に当て布をつけてゴムテープを通す

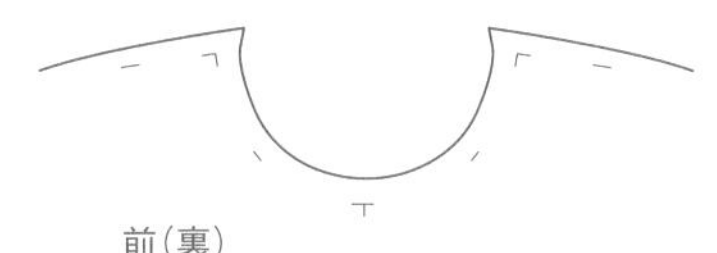
前(裏)

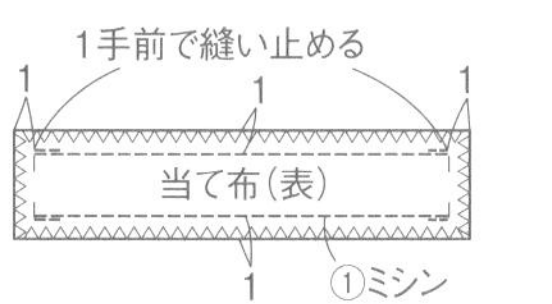
1手前で縫い止める
1
1
1
当て布(表)
1
①ミシン

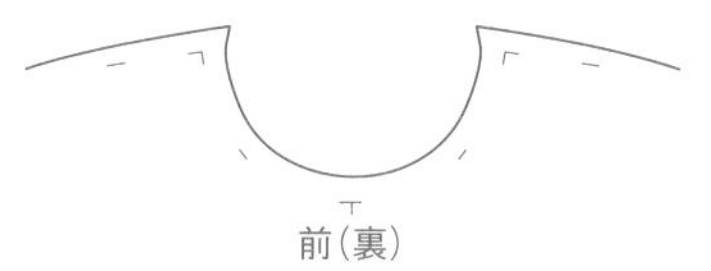
前(裏)

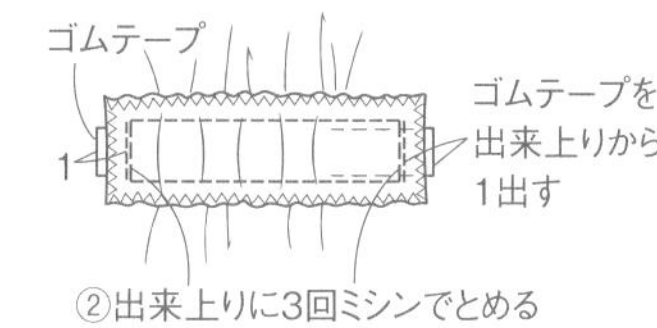
ゴムテープ
ゴムテープを
出来上りから
1出す
1
②出来上りに3回ミシンでとめる

2. 身頃の肩を縫う → p.65参照

3. 衿ぐりを共布バイアス布で始末する

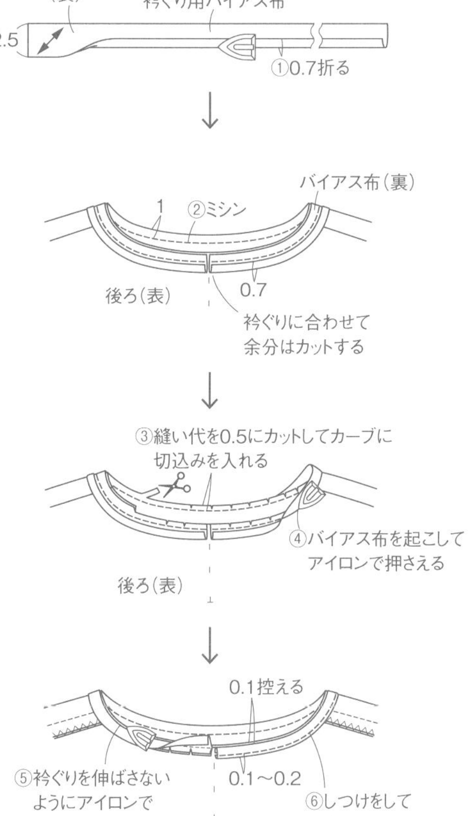
(裏)
衿ぐり用バイアス布
2.5
①0.7折る
バイアス布(裏)
1
②ミシン
後ろ(表)
0.7
衿ぐりに合わせて
余分はカットする
③縫い代を0.5にカットしてカーブに
切込みを入れる
④バイアス布を起こして
アイロンで押さえる
後ろ(表)
0.1控える
⑤衿ぐりを伸ばさない
ようにアイロンで
整える
0.1〜0.2
⑥しつけをして
ミシン
後ろ(裏)

4. 後ろ中心にスラッシュあきを作る

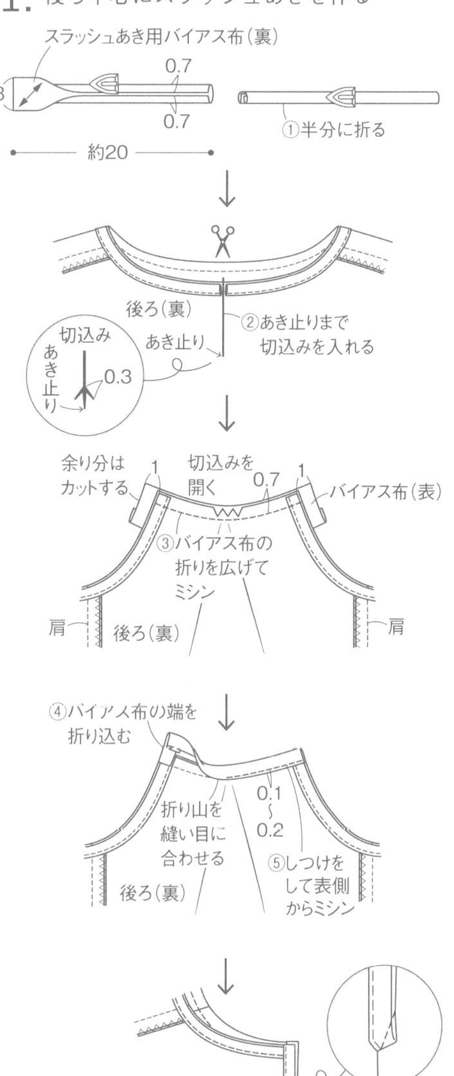
スラッシュあき用バイアス布(裏)
0.7
3
0.7
①半分に折る
約20
後ろ(裏)
②あき止りまで
切込みを入れる
切込み
あき止り
あき止り
0.3
余り分は
カットする
1
切込みを
開く
0.7
1
バイアス布(表)
③バイアス布の
折りを広げて
ミシン
肩
後ろ(裏)
肩
④バイアス布の端を
折り込む
0.1
〜
0.2
折り山を
縫い目に
合わせる
⑤しつけを
して表側
からミシン
後ろ(裏)
後ろ(裏)
⑥二つ折りにして
3回ミシン

A

5. 袖をつける

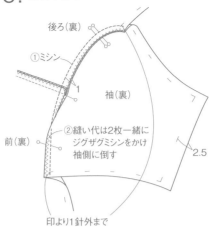

後ろ（裏）
①ミシン
1
袖（裏）
前（裏）
②縫い代は2枚一緒に
ジグザグミシンをかけ
袖側に倒す
2.5
印より1針外まで

7. ポケットを作る → p.109ポケットB参照

6. ポケット口を残して脇と袖下を続けて縫う

→ p.109ポケットB参照

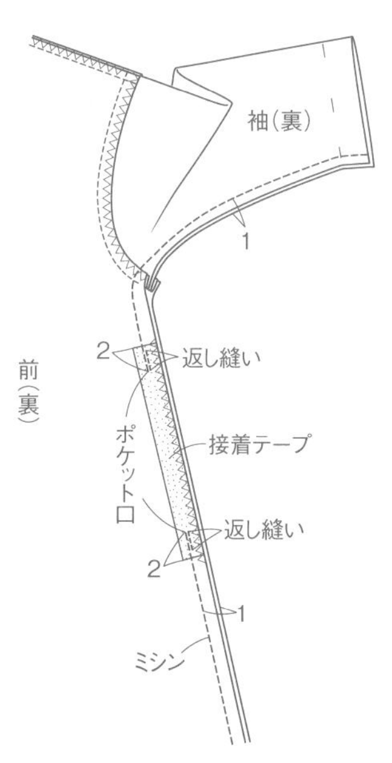
袖（裏）
1
前（裏）
2
返し縫い
ポケット口
接着テープ
返し縫い
2
1
ミシン

8. 袖口を三つ折りにして縫う

9. 裾を三つ折りにして縫う

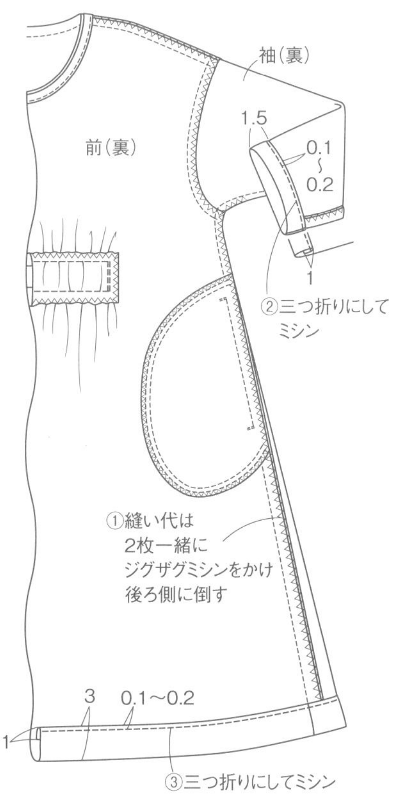
袖（裏）
前（裏）
1.5
0.1
0.2
1
②三つ折りにして
ミシン
①縫い代は
2枚一緒に
ジグザグミシンをかけ
後ろ側に倒す
3
0.1～0.2
1
③三つ折りにしてミシン

3 ハーブのラップコート

page 11,45 実物大パターンA面

出来上り寸法	S	M	L
バスト：	125cm	129cm	134cm
着丈：	115cm	117cm	119cm
袖丈：	48cm	49cm	50cm

材料　左からS／M／Lサイズ

表布：p.11 リバティプリント Claire-Aude（AE ブルー系）108cm幅 3.8m／4m／4.1m
p.45 C&Sウール マフィーユ（オフホワイト）120cm幅 3.5m／3.5m／3.6m
接着芯（前見返し、後ろ衿ぐり見返し、前身頃ポケット口）：90cm幅 1.3m

縫い方順序

裁合せ図

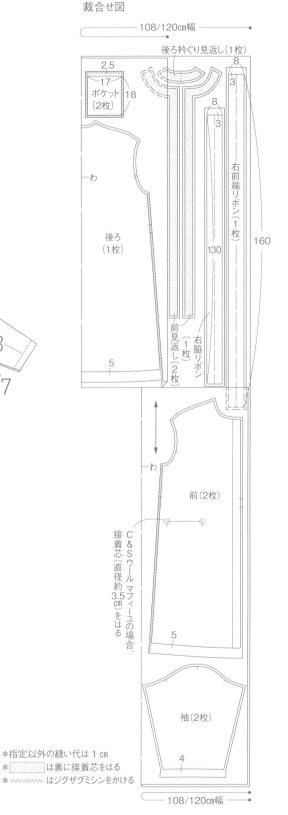

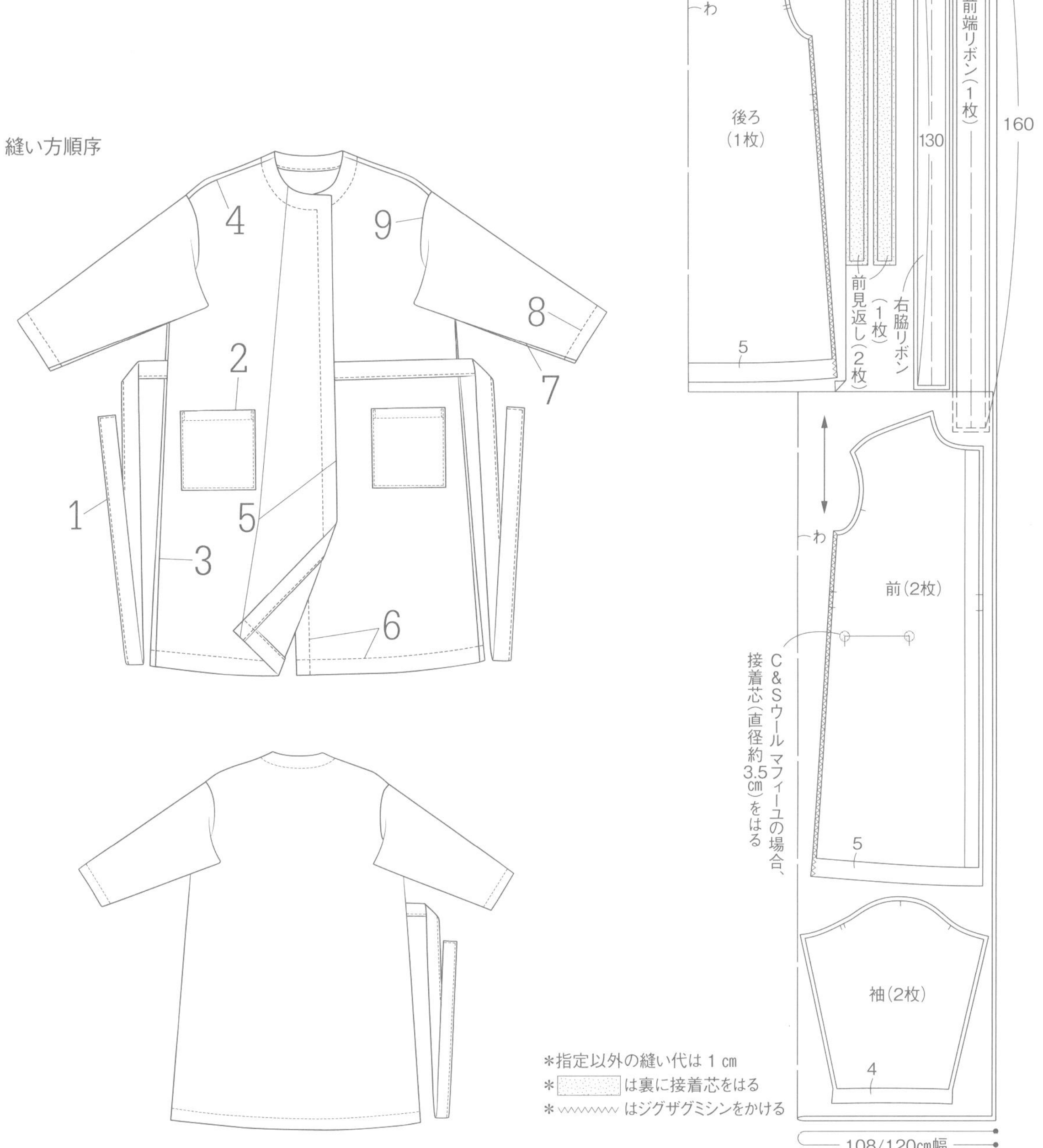

4
9
8
2
7
1
5
3
6
108/120cm幅
後ろ衿ぐり見返し（1枚）
2.5
17
ポケット（2枚）
18
8
3
8
3
わ
後ろ（1枚）
130
右前端リボン（1枚）
160
前見返し（2枚）
（1枚）
右脇リボン
5
わ
前（2枚）
C&Sウール マフィーユの場合、接着芯（直径約3.5cm）をはる
5
袖（2枚）
4
108/120cm幅

＊指定以外の縫い代は1cm
＊　　は裏に接着芯をはる
＊　　はジグザグミシンをかける

B

1. 右脇リボン、右前端リボンを作る

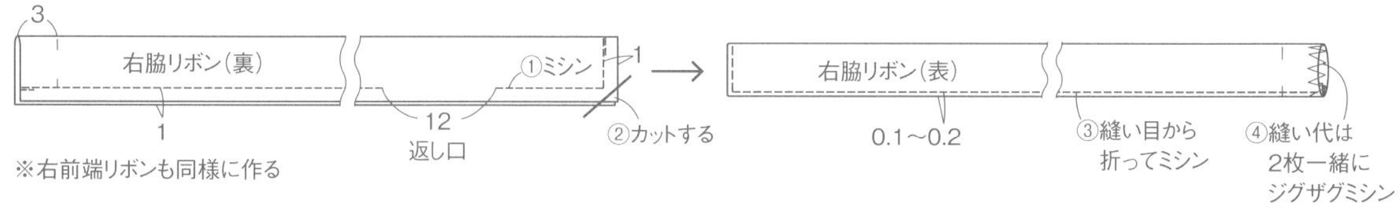
3
右脇リボン(裏)
①ミシン
1
1
12
返し口
②カットする
※右前端リボンも同様に作る
右脇リボン(表)
0.1〜0.2
③縫い目から
折ってミシン
④縫い代は
2枚一緒に
ジグザグミシン

2. ポケットを作り、つける

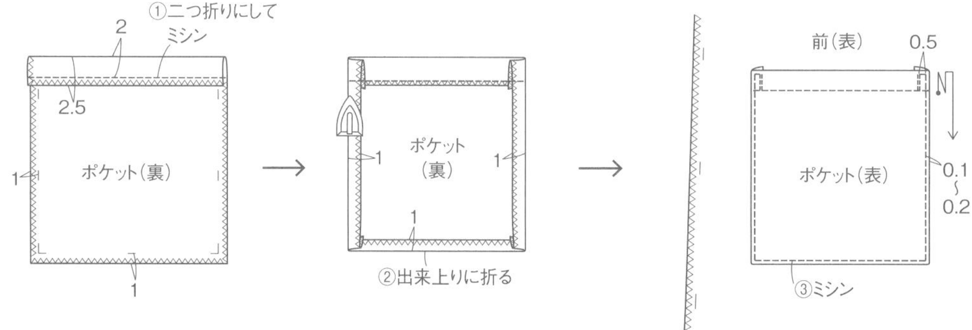
①二つ折りにして
ミシン
2
2.5
1
ポケット(裏)
1
1
ポケット
(裏)
1
1
②出来上りに折る
前(表)
0.5
ポケット(表)
0.1
〜
0.2
③ミシン

3. 右脇に右脇リボンをはさみ、左右の脇を縫う

4. 身頃の肩と見返しの肩をそれぞれ縫う

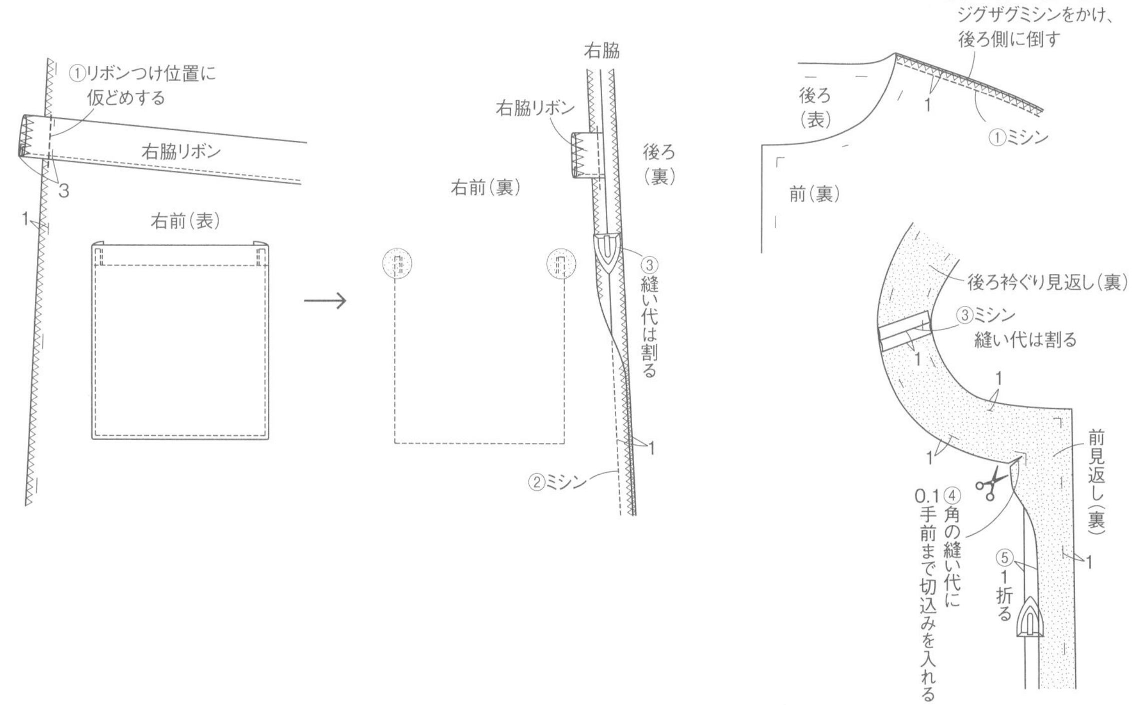
①リボンつけ位置に
仮どめする
右脇リボン
3
1
右前(表)
右脇
右脇リボン
後ろ
(裏)
右前(裏)
③縫い代は割る
1
②ミシン
②縫い代は2枚一緒に
ジグザグミシンをかけ、
後ろ側に倒す
後ろ
(表)
1
①ミシン
前(裏)
後ろ衿ぐり見返し(裏)
③ミシン
縫い代は割る
1
1
1
前見返し(裏)
1
④角の縫い代に
0.1手前まで切込みを入れる
⑤1折る

5. 身頃と見返しを中表に合わせて右身頃の前端に右前端リボンをはさみ、衿ぐり、前端、前見返し裾を縫う

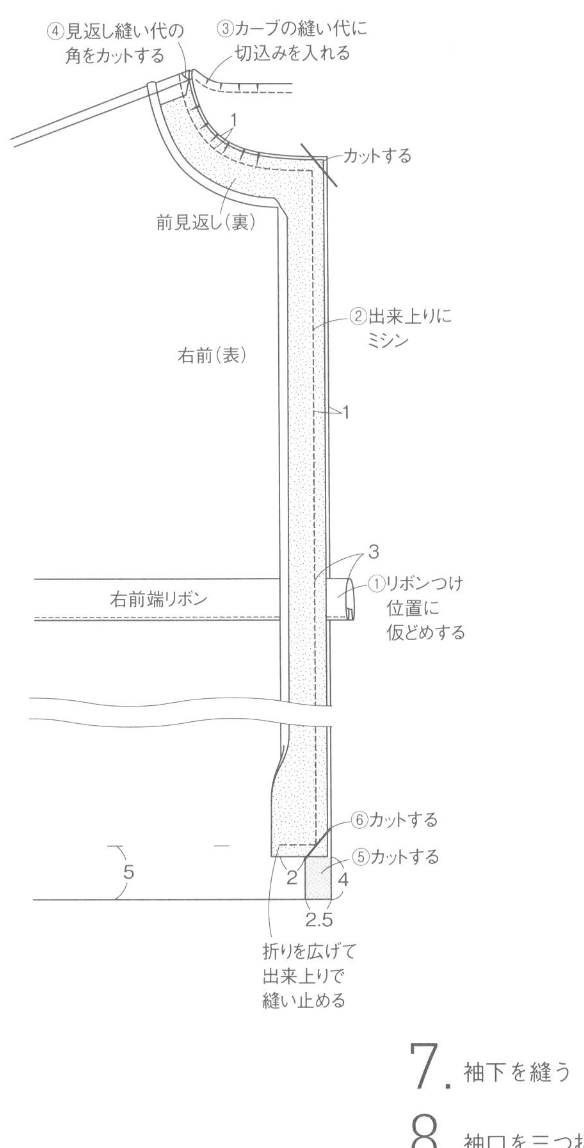
④見返し縫い代の
角をカットする
③カーブの縫い代に
切込みを入れる
1
カットする
前見返し(裏)
②出来上りに
ミシン
右前(表)
1
3
①リボンつけ
位置に
仮どめする
右前端リボン
⑥カットする
⑤カットする
5
2
4
2.5
折りを広げて
出来上りで
縫い止める

6. 裾を三つ折りにして縫い、見返しの奥をミシンでとめる

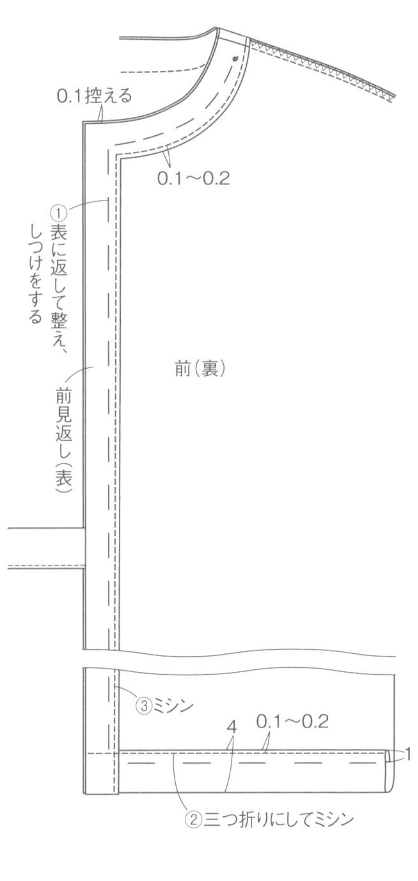
0.1控える
0.1〜0.2
①表に返して整え、
しつけをする
前見返し(表)
前(裏)
③ミシン
4
0.1〜0.2
1
②三つ折りにしてミシン

7. 袖下を縫う

8. 袖口を三つ折りにして縫う

9. 袖をつける → p.102参照

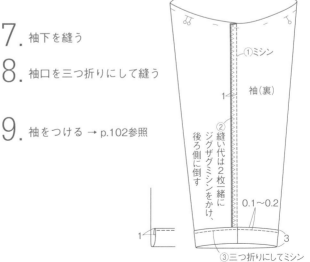

1
①ミシン
袖(裏)
1
②縫い代は2枚一緒に
ジグザグミシンをかけ、
後ろ側に倒す
0.1〜0.2
1
3
③三つ折りにしてミシン

C Vネックプルオーバー

page 12,13 実物大パターンA面

出来上り寸法	S	M	L
バスト：	148cm	152cm	157cm
着丈：	62cm	63cm	64cm
袖丈：	35cm	36cm	37cm

材料 左からS／M／Lサイズ

表布：p.12 リバティプリント Strawberry Thief Spring（AE ブルー系）108cm幅 3m／3m／3m
p.13 C&S天使のリネン（マッシュルーム）100cm幅 3m／3m／3m
ボタン：直径1cm 3個

縫い方順序

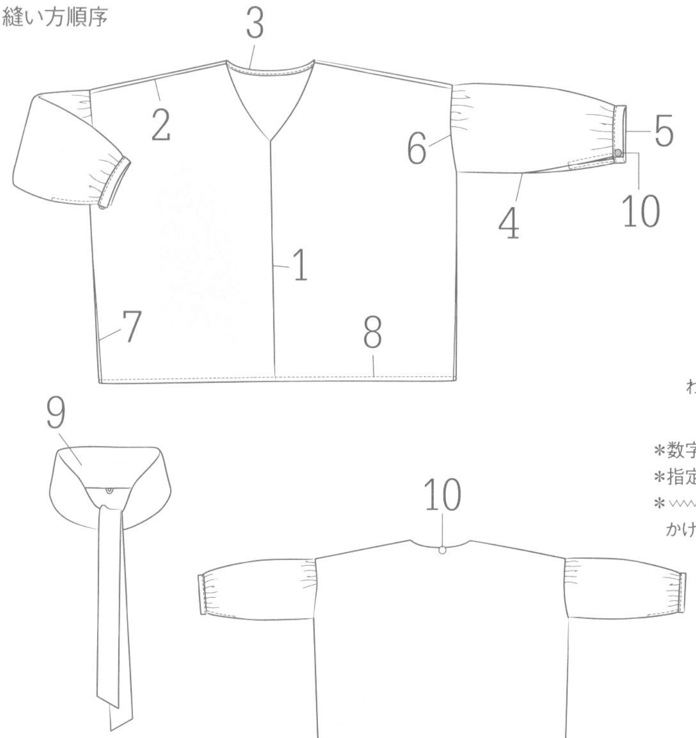

1
2
3
4
5
6
7
8
9
10
10

裁合せ図

100/108cm幅
衿ぐり用バイアス布（1枚）
78/80/82
カフス
（2枚）
布ループ約20
（1枚）
2
2
ボータイ（2枚）
袖
（2枚）
わ
0.5
前
（2枚）
2
0.5
わ
後ろ
（1枚）
2
100/108cm幅

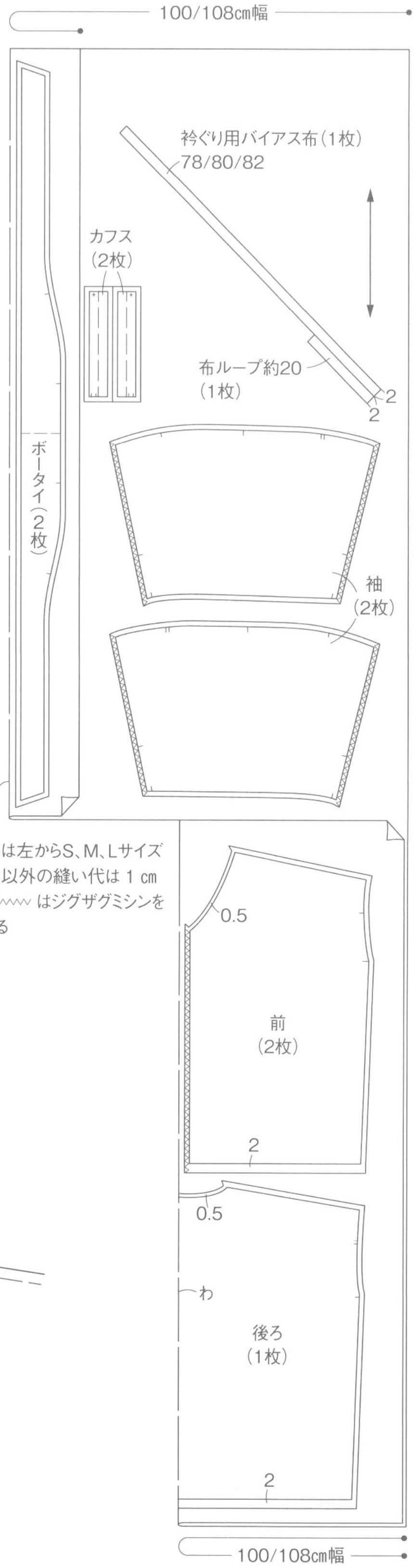

＊数字は左からS、M、Lサイズ
＊指定以外の縫い代は 1 cm
＊ ⁓⁓⁓ はジグザグミシンをかける

縫い代のつけ方

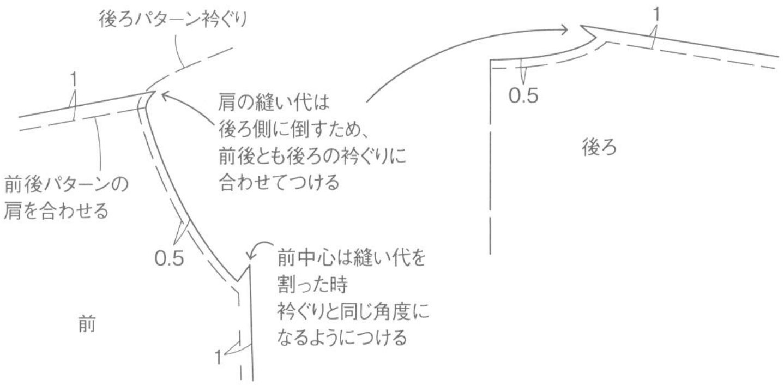

後ろパターン衿ぐり
1
前後パターンの
肩を合わせる
肩の縫い代は
後ろ側に倒すため、
前後とも後ろの衿ぐりに
合わせてつける
0.5
前中心は縫い代を
割った時
衿ぐりと同じ角度に
なるようにつける
前
1
1
0.5
後ろ

1. 前中心を縫う 2. 肩を縫う

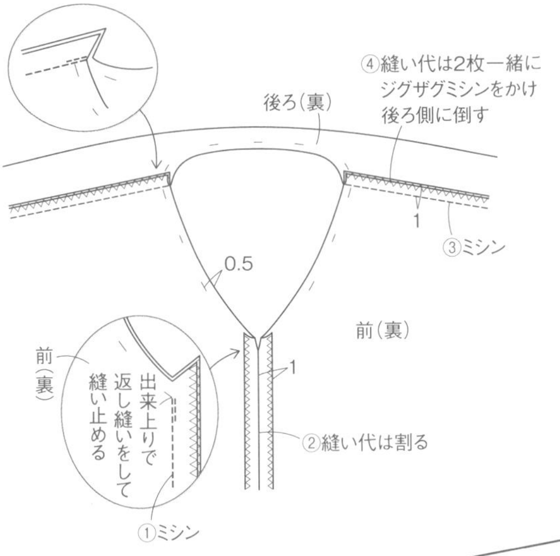

④縫い代は2枚一緒に
ジグザグミシンをかけ
後ろ側に倒す

後ろ（裏）

1

③ミシン

0.5

前（裏）

前（裏）

出来上りで
返し縫いをして
縫い止める

1

②縫い代は割る

①ミシン

3. 衿ぐりを共布バイアス布でくるむ

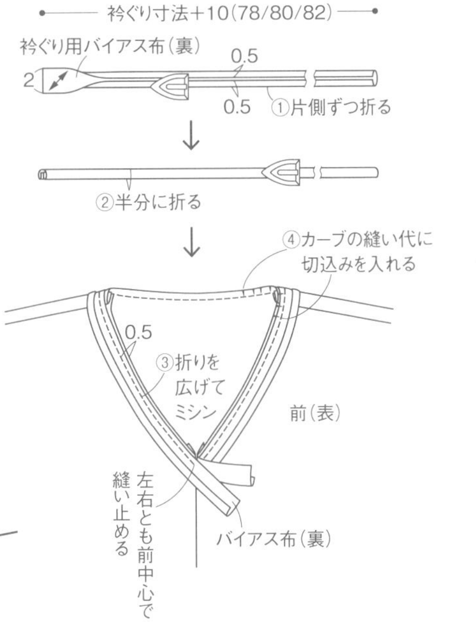

衿ぐり寸法+10（78/80/82）

衿ぐり用バイアス布（裏）

0.5

2

0.5

①片側ずつ折る

②半分に折る

④カーブの縫い代に
切込みを入れる

0.5

③折りを
広げて
ミシン

前（表）

左右とも前中心で
縫い止める

バイアス布（裏）

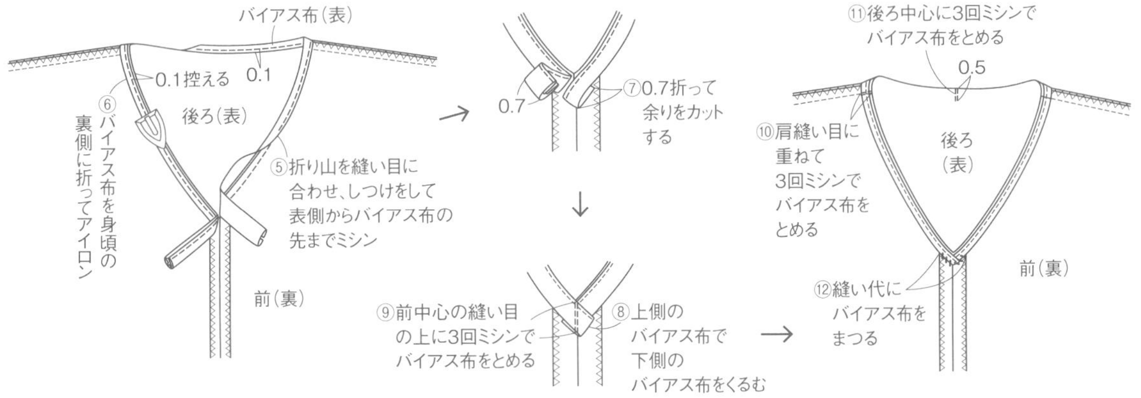

バイアス布（表）

0.1控える

0.1

後ろ（表）

⑥バイアス布を身頃の
裏側に折ってアイロン

⑤折り山を縫い目に
合わせ、しつけをして
表側からバイアス布の
先までミシン

前（裏）

0.7

⑦0.7折って
余りをカット
する

⑨前中心の縫い目
の上に3回ミシンで
バイアス布をとめる

⑧上側の
バイアス布で
下側の
バイアス布をくるむ

⑪後ろ中心に3回ミシンで
バイアス布をとめる

0.5

⑩肩縫い目に
重ねて
3回ミシンで
バイアス布を
とめる

後ろ
（表）

前（裏）

⑫縫い代に
バイアス布を
まつる

4. あき止りまで袖下を縫い、袖山と袖口にギャザーを寄せる

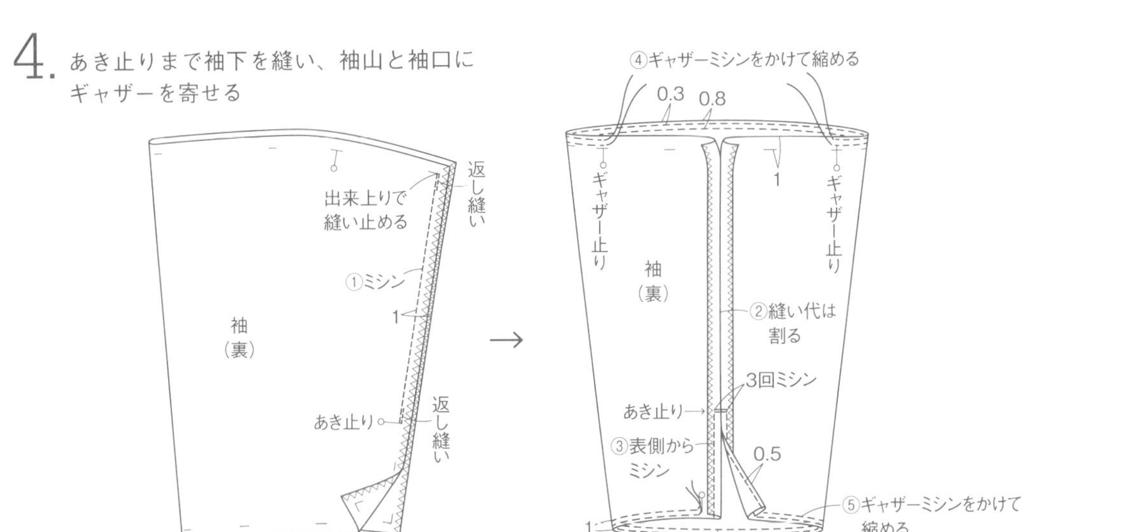
返し縫い
出来上りで
縫い止める
①ミシン
1
袖
（裏）
返し縫い
あき止り
④ギャザーミシンをかけて縮める
0.3
0.8
ギャザー止り
1
ギャザー止り
袖
（裏）
②縫い代は
割る
3回ミシン
あき止り
③表側から
ミシン
0.5
⑤ギャザーミシンをかけて
縮める
1
0.8
0.3

5. 布ループ（4cm×3本）を作り →p.110参照、袖口に布ループとカフスをつける

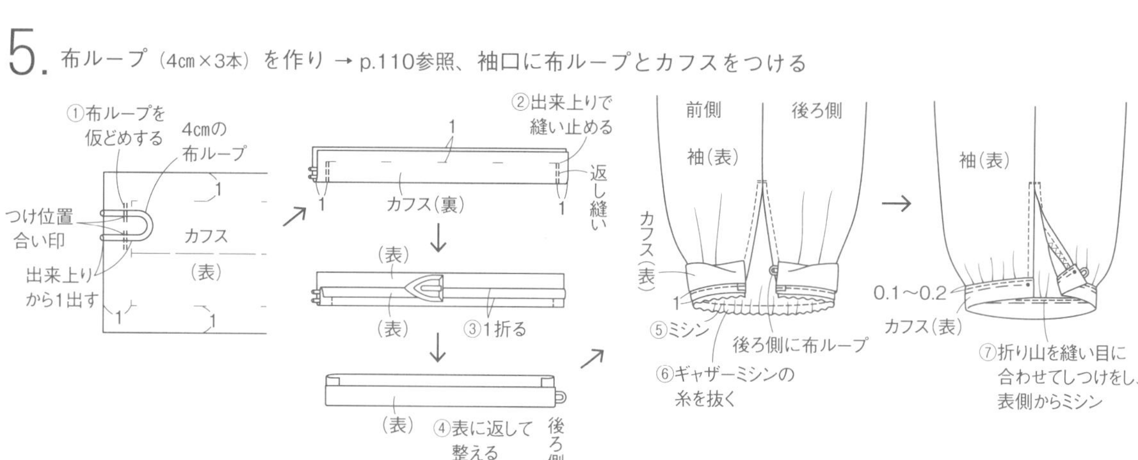
①布ループを
仮どめする
4cmの
布ループ
つけ位置
合い印
カフス
（表）
出来上り
から1出す
②出来上りで
縫い止める
カフス（裏）
返し縫い
（表）
③1折る
（表）
④表に返して
整える
後ろ側
前側
後ろ側
袖（表）
カフス（表）
⑤ミシン
後ろ側に布ループ
⑥ギャザーミシンの
糸を抜く
袖（表）
0.1〜0.2
カフス（表）
⑦折り山を縫い目に
合わせてしつけをし、
表側からミシン

6. 袖をつける

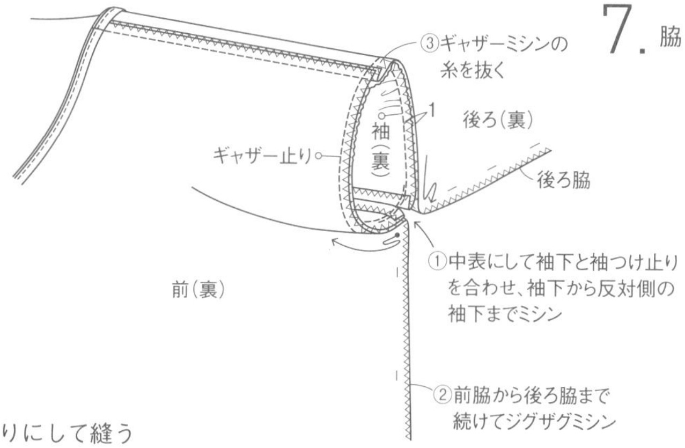

③ギャザーミシンの
糸を抜く
袖（裏）
後ろ（裏）
ギャザー止り
後ろ脇
前（裏）
①中表にして袖下と袖つけ止り
を合わせ、袖下から反対側の
袖下までミシン
②前脇から後ろ脇まで
続けてジグザグミシン

7. 脇を縫う

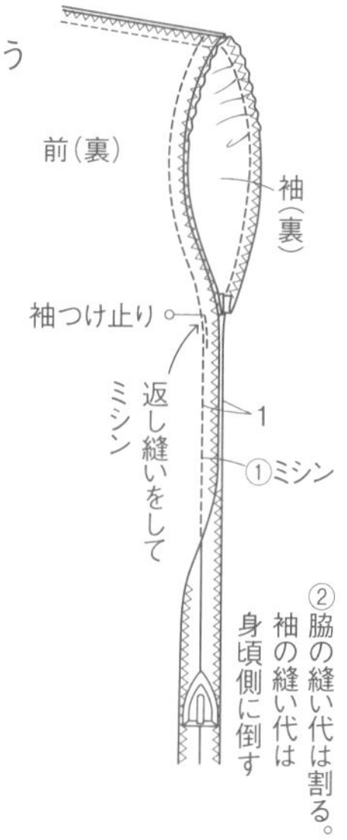

前（裏）
袖（裏）
袖つけ止り
返し縫いをしてミシン
1
①ミシン
②脇の縫い代は割る。
袖の縫い代は
身頃側に倒す

8. 裾を三つ折りにして縫う

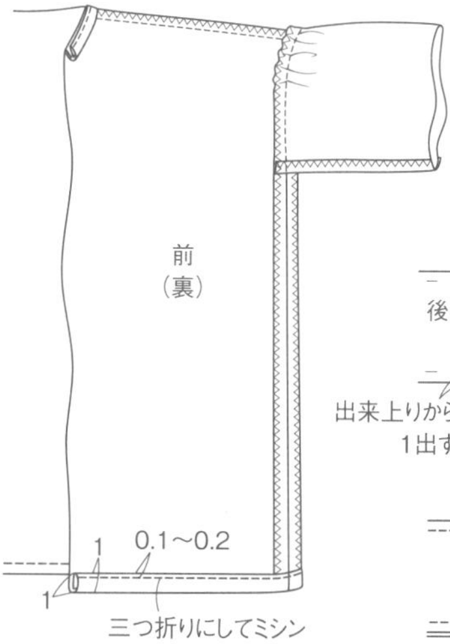

前（裏）
0.1〜0.2
三つ折りにしてミシン

9. ボータイを作る

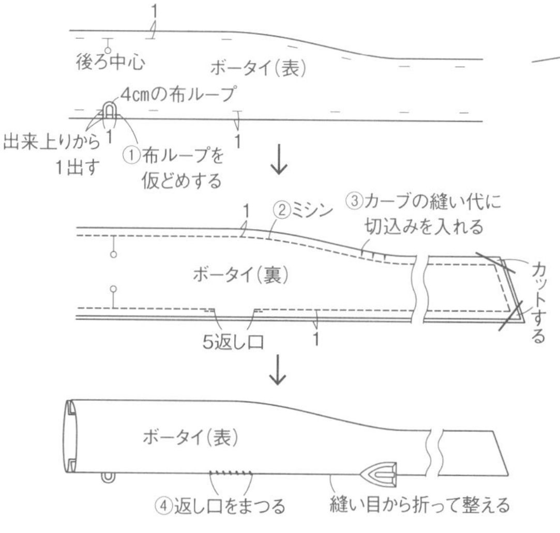

後ろ中心
ボータイ（表）
4cmの布ループ
出来上りから
1出す
①布ループを
仮どめする
②ミシン
③カーブの縫い代に
切込みを入れる
ボータイ（裏）
カットする
5返し口
ボータイ（表）
④返し口をまつる
縫い目から折って整える

10. 後ろ衿ぐり、カフスにボタンをつける

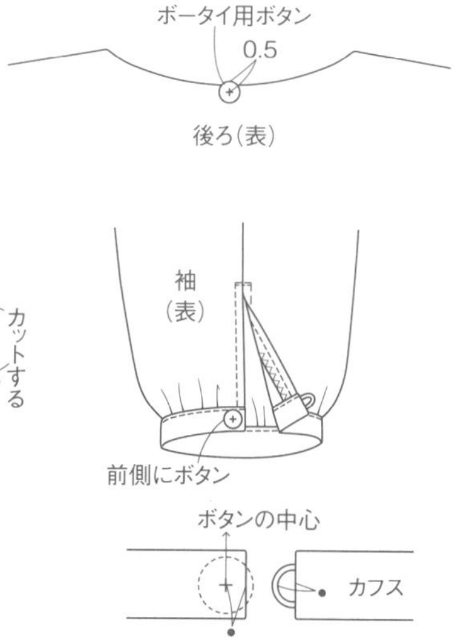

ボータイ用ボタン
0.5
後ろ（表）
袖（表）
前側にボタン
ボタンの中心
カフス

ダブルボタンのジャケット

page 16　実物大パターンB面

出来上り寸法	S	M	L
バスト：	127.5cm	131.5cm	136.5cm
着丈：	73.5cm	74.5cm	75.5cm
袖丈：	52cm	53cm	54cm

材料　左からS／M／Lサイズ

表布：C&Sナチュラルコットン HOLIDAY（ホワイト） 110cm幅 3.5m／3.5m／3.6m
接着芯（前見返し、後ろ衿ぐり見返し）：90cm幅 90cm
ボタン：直径1cm 10個
スナップ：直径0.86cm 1組み

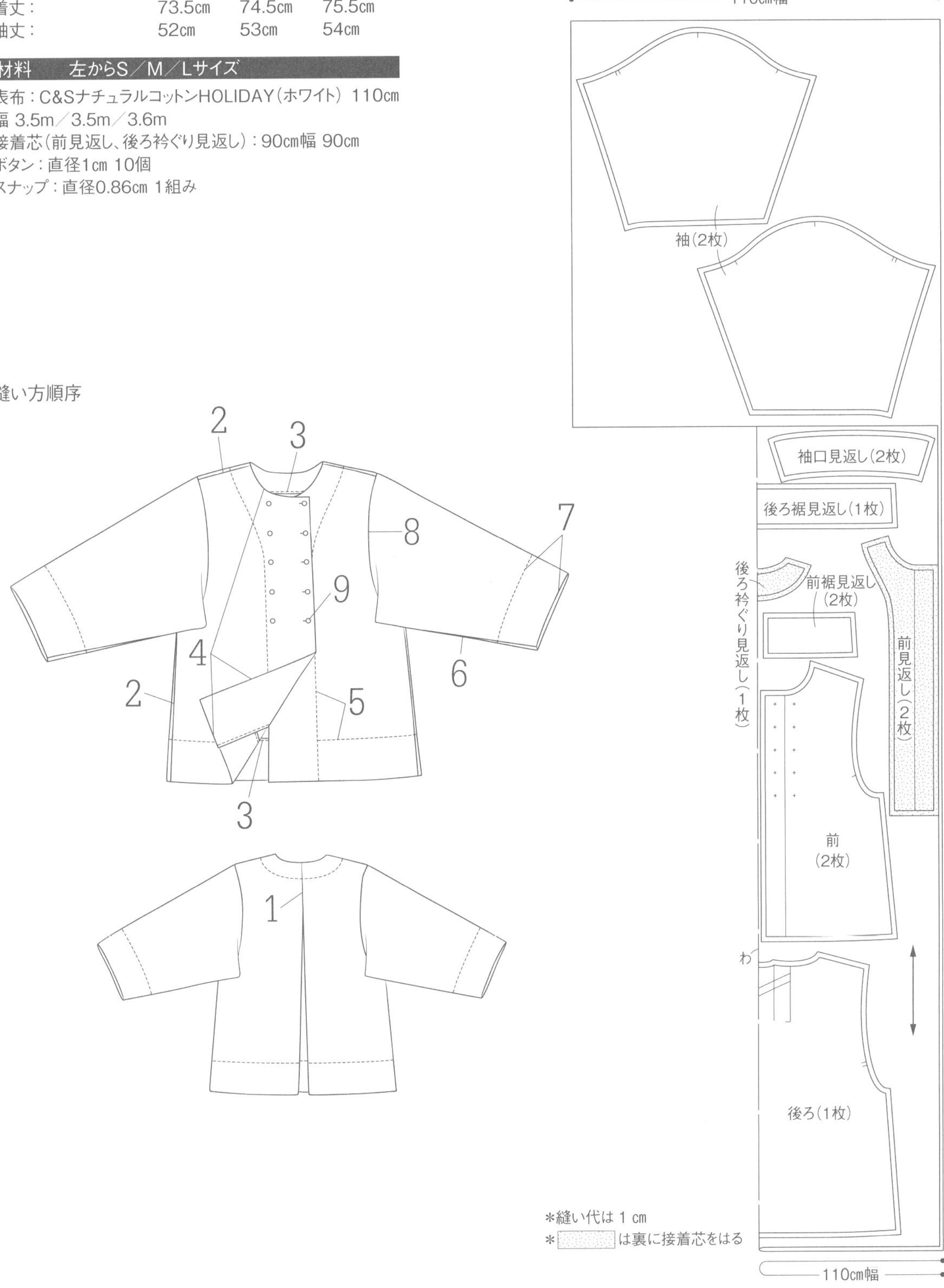

裁合せ図
110cm幅
袖（2枚）
袖口見返し（2枚）
後ろ裾見返し（1枚）
後ろ衿ぐり見返し（1枚）
前裾見返し（2枚）
前見返し（2枚）
前（2枚）
わ
後ろ（1枚）
＊縫い代は１cm
＊ は裏に接着芯をはる
110cm幅
縫い方順序
1
2
3
4
5
6
7
8
9

E

1. 後ろ中心のタックを縫止りまで縫ってたたむ → p.101参照

2. 身頃の肩と脇を縫う

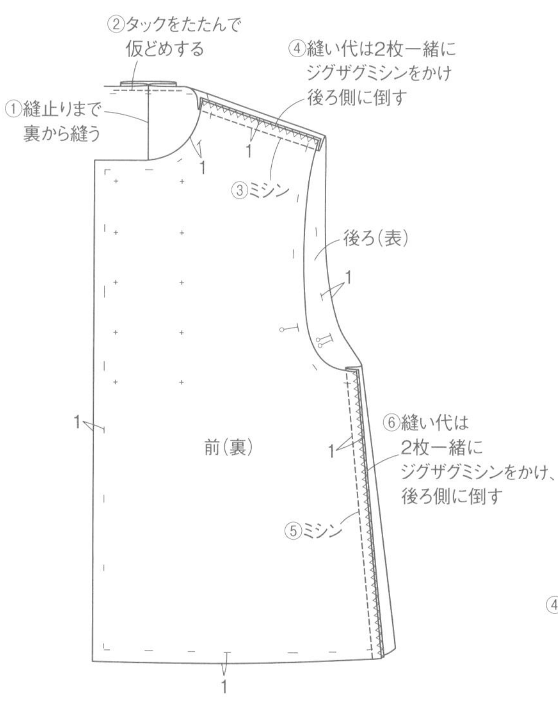
②タックをたたんで
仮どめする
④縫い代は2枚一緒に
ジグザグミシンをかけ
後ろ側に倒す
①縫止りまで
裏から縫う
1
1
③ミシン
後ろ(表)
1
1
前(裏)
1
⑥縫い代は
2枚一緒に
ジグザグミシンをかけ、
後ろ側に倒す
⑤ミシン
1

3. 前見返しと後ろ衿ぐり見返しの肩、前後裾見返しの脇を縫う

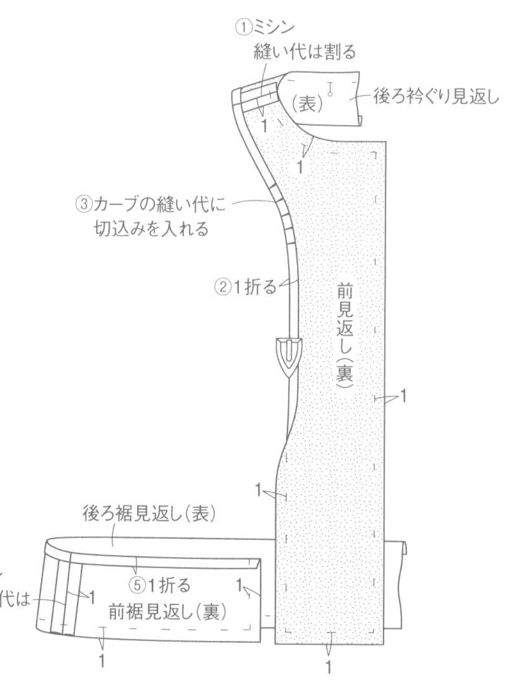
①ミシン
縫い代は割る
(表)
後ろ衿ぐり見返し
1
1
③カーブの縫い代に
切込みを入れる
②1折る
前見返し(裏)
1
1
後ろ裾見返し(表)
④ミシン
縫い代は
割る
⑤1折る
1
前裾見返し(裏)
1
1
1

4. 身頃と各見返しを中表に合わせて衿ぐり、前端、裾を縫う

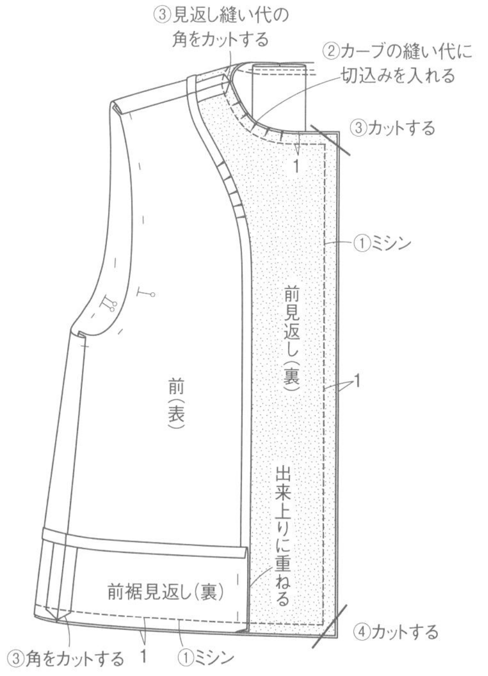
③見返し縫い代の
角をカットする
②カーブの縫い代に
切込みを入れる
③カットする
1
①ミシン
前見返し(裏)
1
前(表)
出来上りに重ねる
前裾見返し(裏)
④カットする
③角をカットする
1
①ミシン

5. 各見返しの奥をミシンでとめる

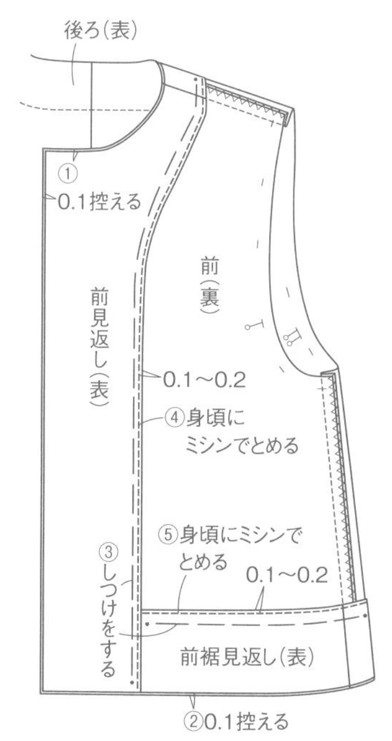
後ろ(表)
①
0.1控える
前(裏)
前見返し(表)
0.1〜0.2
④身頃に
ミシンでとめる
⑤身頃にミシンで
とめる
0.1〜0.2
③
しつけをする
前裾見返し(表)
②0.1控える

6. 袖下と袖口見返しの袖下をそれぞれ縫う

7. 袖と袖口見返しを中表に合わせて袖口を縫う

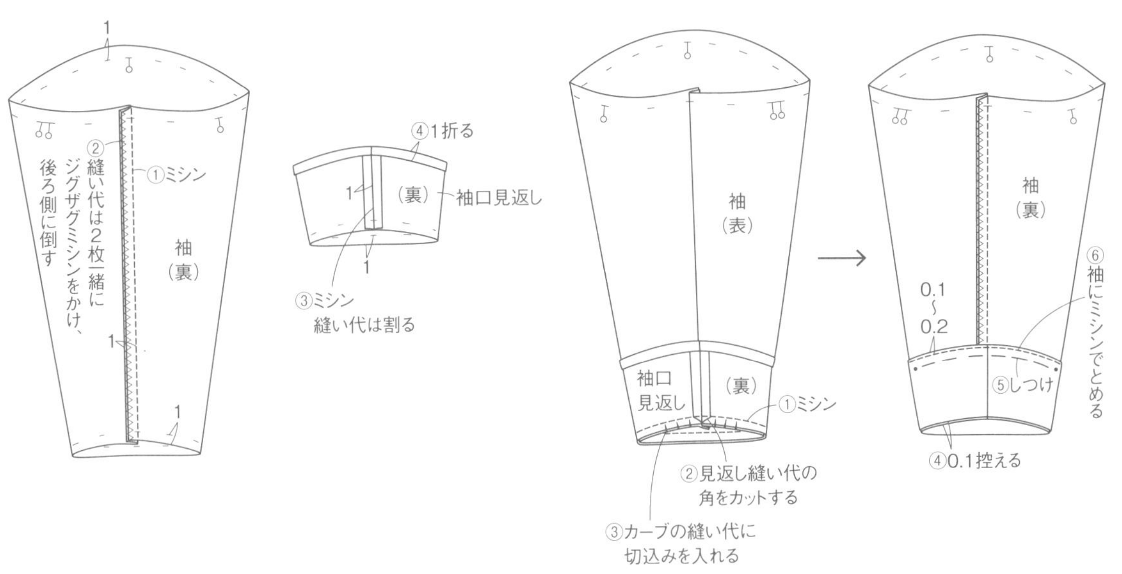
1
②縫い代は2枚一緒にジグザグミシンをかけ、後ろ側に倒す
①ミシン
袖
（裏）
1
1
④1折る
1
（裏）
袖口見返し
1
③ミシン
縫い代は割る
袖
（表）
袖口
見返し
（裏）
①ミシン
②見返し縫い代の
角をカットする
③カーブの縫い代に
切込みを入れる
袖
（裏）
0.1
〜
0.2
⑤しつけ
⑥袖にミシンでとめる
④0.1控える

8. 袖をつける →p.102参照

9. ボタン穴を作り、ボタンとスナップをつける →p.110参照

いちばん上にスナップ
凸
凹
ボタン穴は
上前の
前端側に
のみ作る
飾りボタンをつける
ボタン穴は作らず
前（表）

D デイリーオーバーオール

page 14,42,51 実物大パターンB面

出来上り寸法	S	M	L
ウエスト：	93cm	98cm	103cm
ヒップ：	99cm	104cm	109cm
股下：	59.5cm	61cm	62cm

材料　左からS／M／Lサイズ

表布：p.14 C&Sボーイフレンドチノクロス（きなり）110cm幅 2.7m／2.7m／2.7m
p.42 C&Sフレンチコーデュロイ 太うね（カーキ）103cm幅 2.7m／2.7m／2.7m
p.51 アルチザンコットン（ホワイト）145cm幅 2m／2.1m／2.1m
接着芯（胸当て見返し）：横40×縦10cm
接着テープ（前パンツポケット口）：1.5cm幅 40cm
ボタン：直径1.5cm 2個

縫い方順序

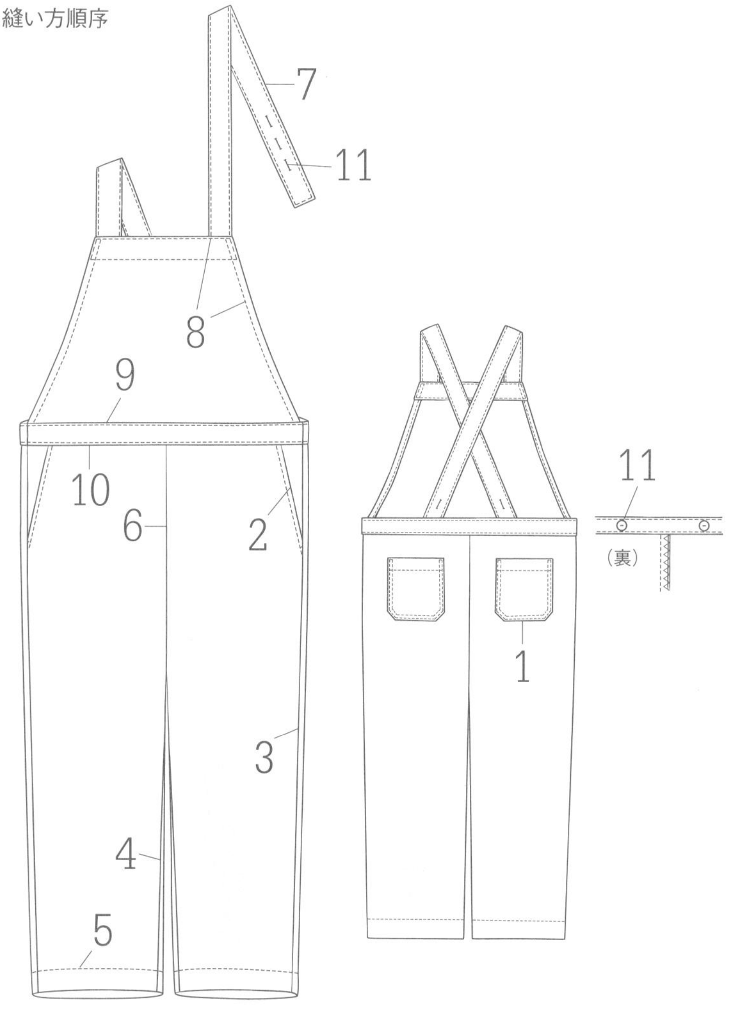

7
11
8
9
10
6
2
3
4
5
1
11
（裏）

裁合せ図

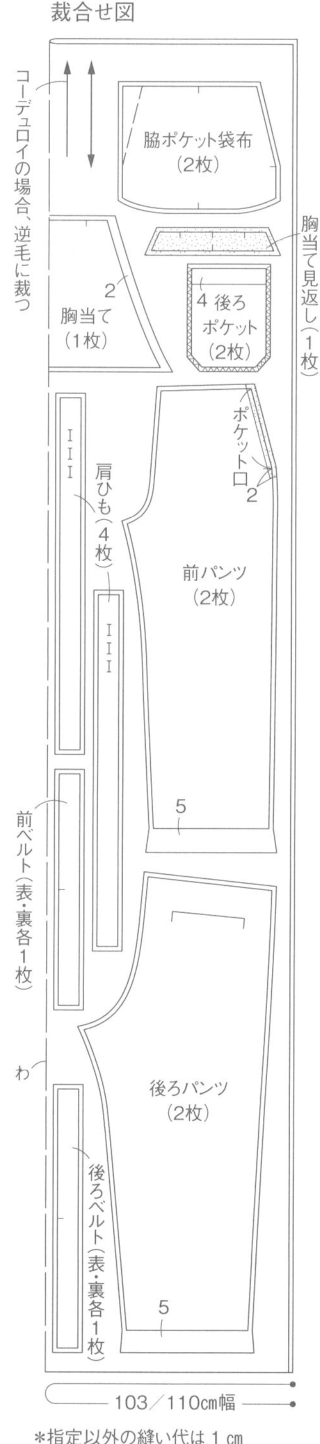

コーデュロイの場合、逆毛に裁つ
脇ポケット袋布（2枚）
胸当て見返し（1枚）
2
胸当て（1枚）
4 後ろポケット（2枚）
ポケット口
2
肩ひも（4枚）
前パンツ（2枚）
5
前ベルト（表・裏各1枚）
わ
後ろパンツ（2枚）
後ろベルト（表・裏各1枚）
5
103／110cm幅

＊指定以外の縫い代は1cm
＊[網掛け]は裏に接着芯または接着テープをはる
＊[ジグザグ線]はジグザグミシンをかける

1. 後ろポケットをつける

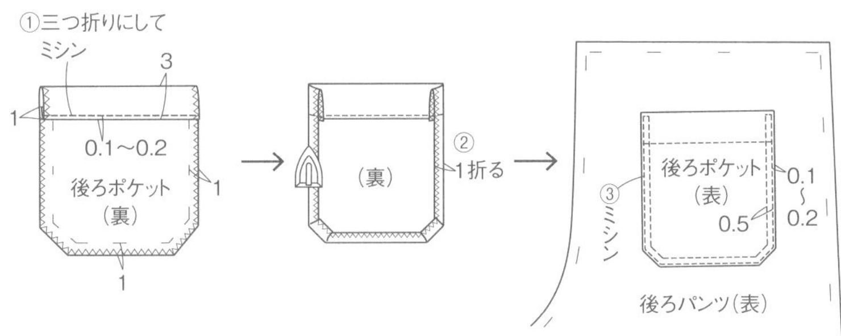
①三つ折りにして
ミシン
3
1
0.1〜0.2
後ろポケット
(裏)
1
1
(裏)
②
1折る
後ろポケット
(表)
③
ミシン
0.1
〜
0.2
0.5
後ろパンツ(表)

2. 脇ポケットを作る

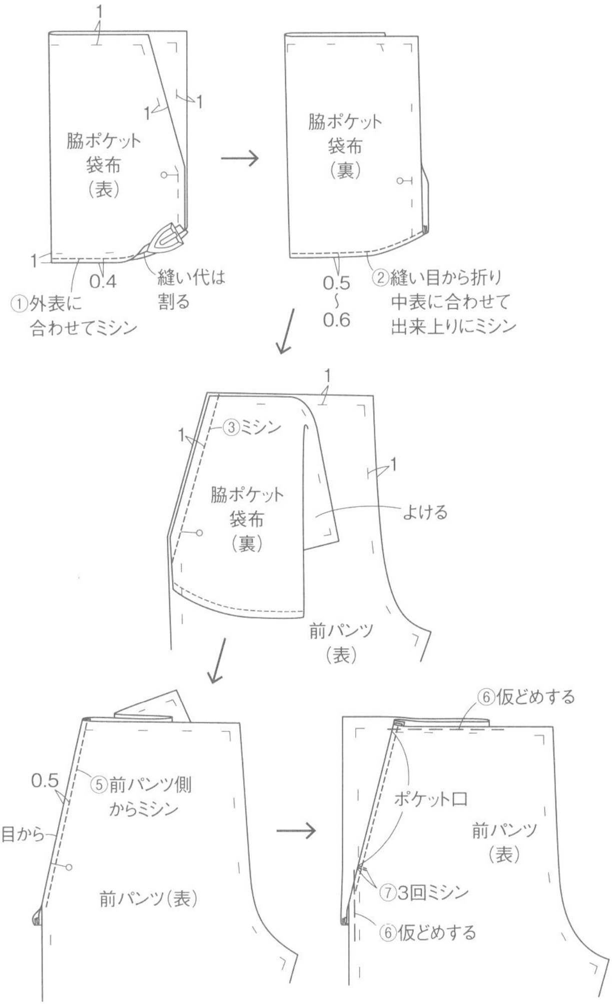

1
1
1
脇ポケット
袋布
(表)
1
0.4
縫い代は
割る
①外表に
合わせてミシン
脇ポケット
袋布
(裏)
0.5
〜
0.6
②縫い目から折り
中表に合わせて
出来上りにミシン
1
1
③ミシン
1
脇ポケット
袋布
(裏)
よける
前パンツ
(表)
0.5
⑤前パンツ側
からミシン
④縫い目から
折る
前パンツ(表)
⑥仮どめする
ポケット口
前パンツ
(表)
⑦3回ミシン
⑥仮どめする

3. 脇を縫う

4. 股下を縫う

5. 裾を三つ折りにして縫う

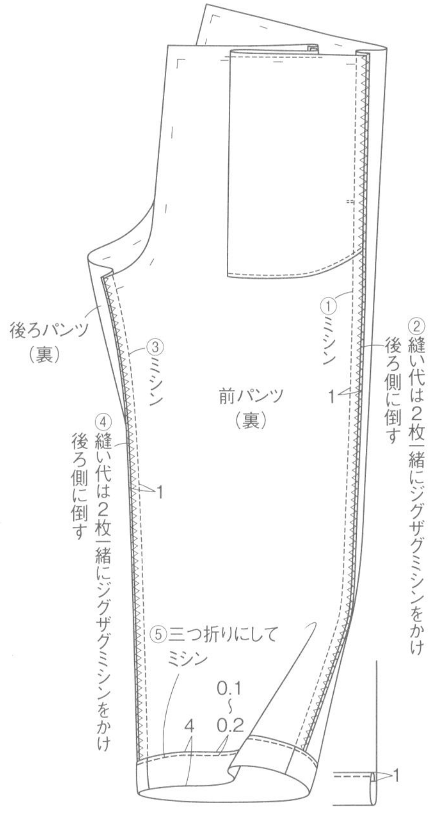

後ろパンツ
(裏)
③
ミシン
④
縫い代は2枚一緒にジグザグミシンをかけ
後ろ側に倒す
1
前パンツ
(裏)
①
ミシン
1
②
縫い代は2枚一緒にジグザグミシンをかけ
後ろ側に倒す
⑤三つ折りにして
ミシン
4
0.1
〜
0.2
1

6. 股ぐりを縫う

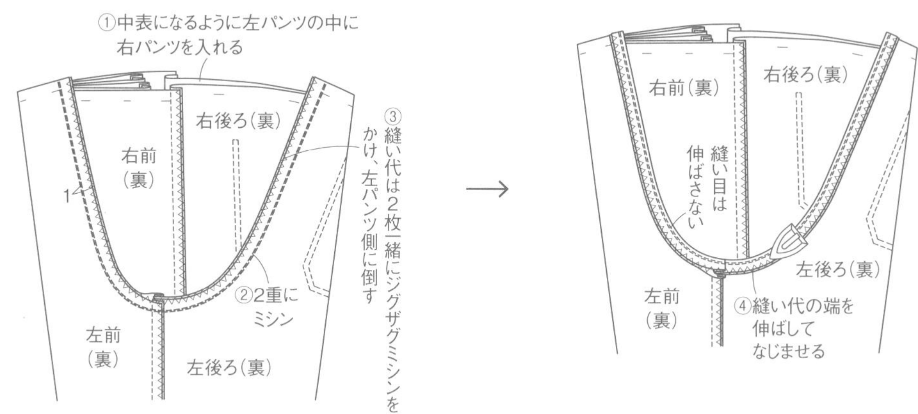
①中表になるように左パンツの中に
右パンツを入れる
右前（裏）
右後ろ（裏）
③縫い代は2枚一緒にジグザグミシンをかけ、左パンツ側に倒す
1
②2重にミシン
左前（裏）
左後ろ（裏）
縫い目は伸ばさない
④縫い代の端を伸ばしてなじませる

7. 肩ひもを縫う

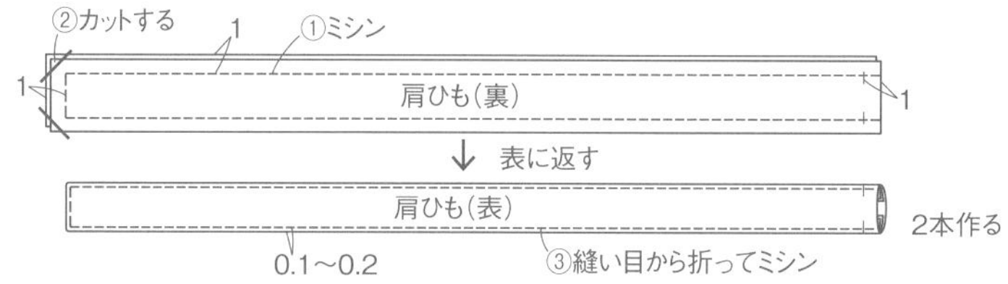
②カットする
①ミシン
1
肩ひも（裏）
表に返す
肩ひも（表）
2本作る
0.1〜0.2
③縫い目から折ってミシン

8. 胸当て見返しの奥を出来上りに折り、胸当てと胸当て見返しを中表に合わせ、肩ひもをはさんで縫う

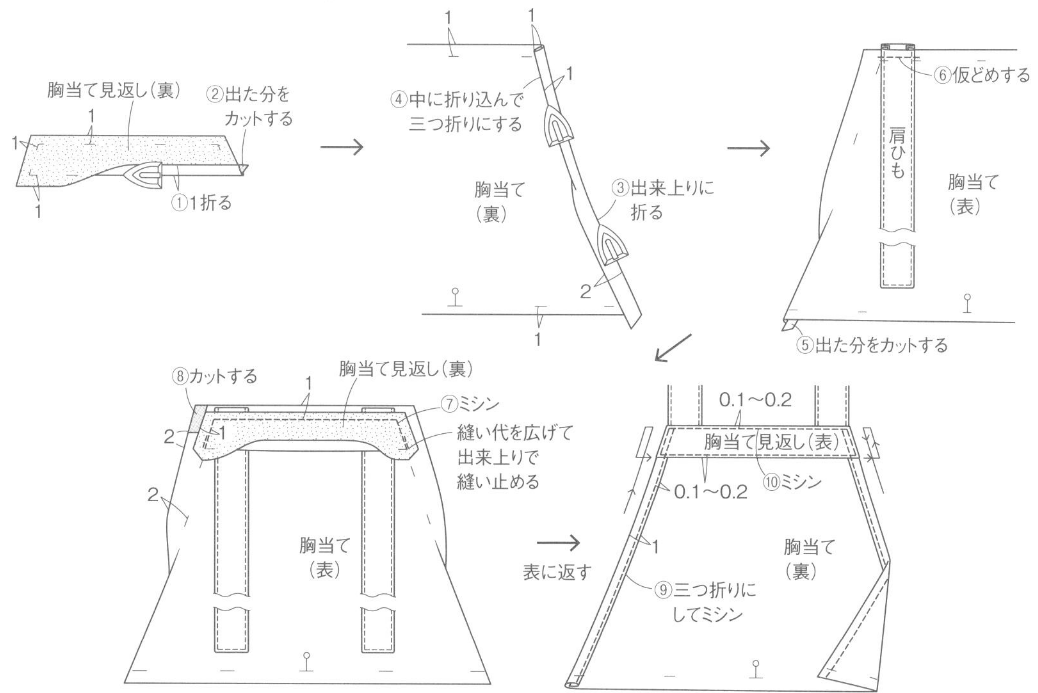
胸当て見返し（裏）
②出た分をカットする
1
①1折る
④中に折り込んで三つ折りにする
胸当て（裏）
③出来上りに折る
2
⑥仮どめする
肩ひも
胸当て（表）
⑤出た分をカットする
⑧カットする
胸当て見返し（裏）
⑦ミシン
縫い代を広げて出来上りで縫い止める
胸当て（表）
表に返す
0.1〜0.2
胸当て見返し（表）
⑩ミシン
胸当て（裏）
⑨三つ折りにしてミシン

9. 表ベルト、裏ベルトの脇を縫い、表ベルトと裏ベルトで胸当てをはさんで縫う

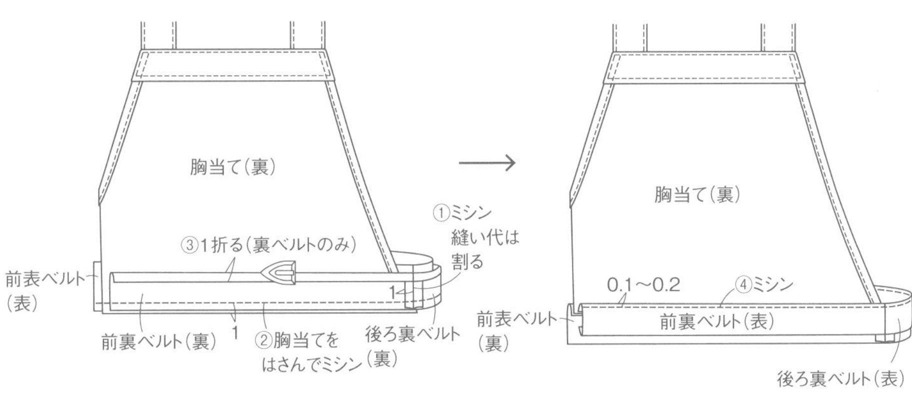
胸当て(裏)
①ミシン
縫い代は
割る
③1折る(裏ベルトのみ)
前表ベルト
(表)
1
前裏ベルト(裏)
1
②胸当てを
はさんでミシン
後ろ裏ベルト
(裏)
胸当て(裏)
0.1〜0.2
④ミシン
前表ベルト
(裏)
前裏ベルト(表)
後ろ裏ベルト(表)

10. 表ベルトとパンツを縫い合わせ、裏ベルトをミシンでとめる

11. 肩ひもにボタン穴を作り、後ろ裏ベルトにボタンをつける

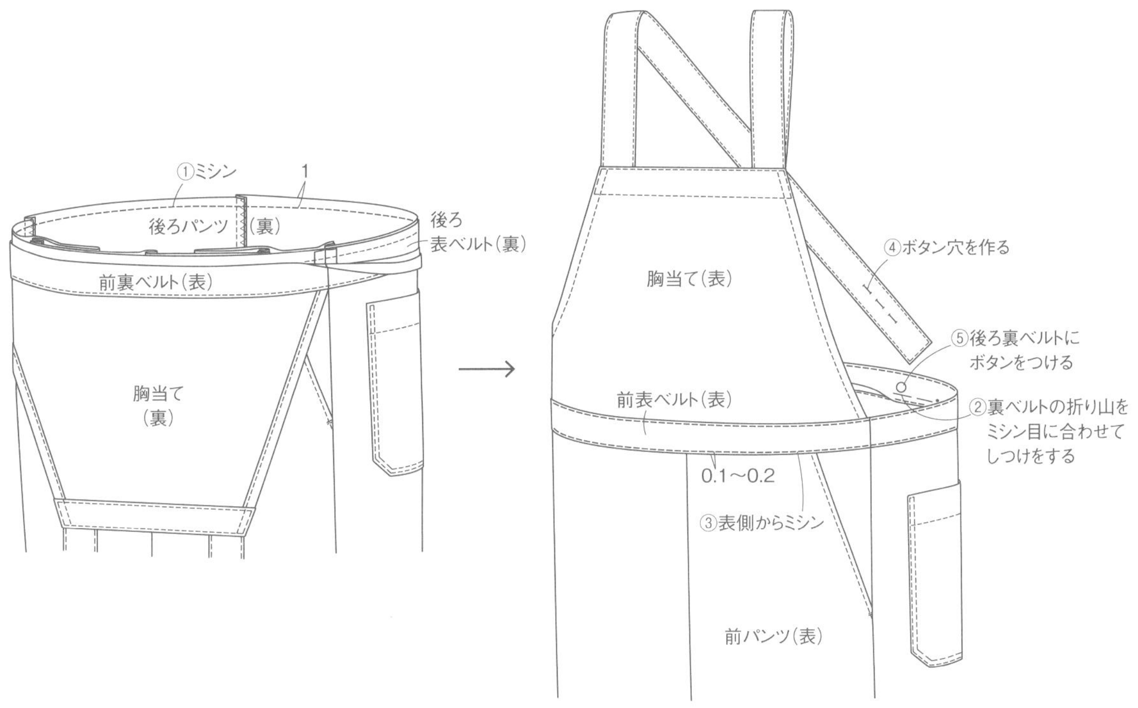
①ミシン
1
後ろパンツ(裏)
後ろ
表ベルト(裏)
前裏ベルト(表)
胸当て
(裏)
胸当て(表)
④ボタン穴を作る
⑤後ろ裏ベルトに
ボタンをつける
前表ベルト(表)
②裏ベルトの折り山を
ミシン目に合わせて
しつけをする
0.1〜0.2
③表側からミシン
前パンツ(表)

F フローラルパンツ

page 17,29,30,45 実物大パターンB面

出来上り寸法	S	M	L
ウエスト：	61cm	66cm	71cm
ヒップ：	99cm	104cm	109cm
股下：	62.5cm	64cm	65cm

モデル（身長167cm）はMサイズで股下−3cmのものを着用しています

材料　左からS／M／Lサイズ

表布：p.17 リバティプリント Annabella（BE ピンク・ライトブルー系）108cm幅 2.4m／2.4m／2.4m
p.29 C&S海のブロード（ネイビーブルー）110cm幅 2.4m／2.4m／2.4m
p.30,45 C&SナチュラルコットンHOLIDAY（オートミール）110cm幅 2.4m／2.4m／2.4m
接着芯（ひも通し口）：横10×縦5cm
接着テープ（前パンツポケット口）：1.5cm幅 40cm
ゴムテープ：3cm幅 63cm／68cm／73cm

縫い方順序

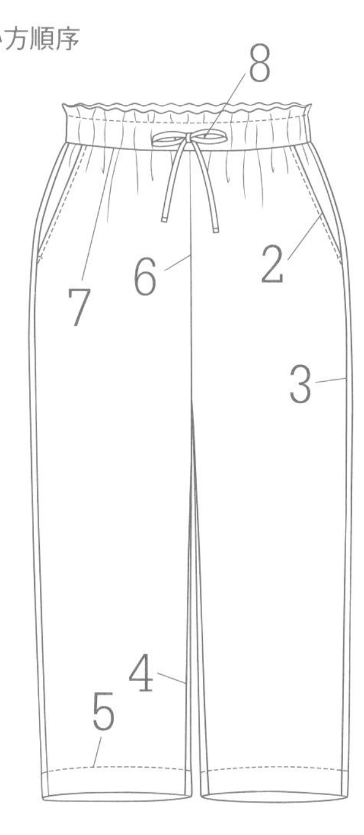

8
2
6
7
3
4
5

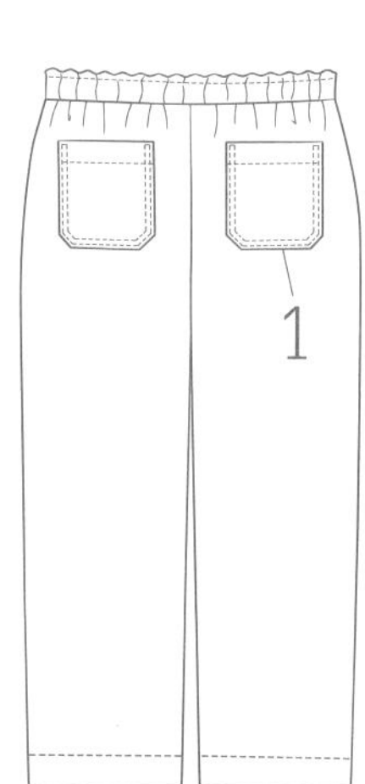

1

裁合せ図

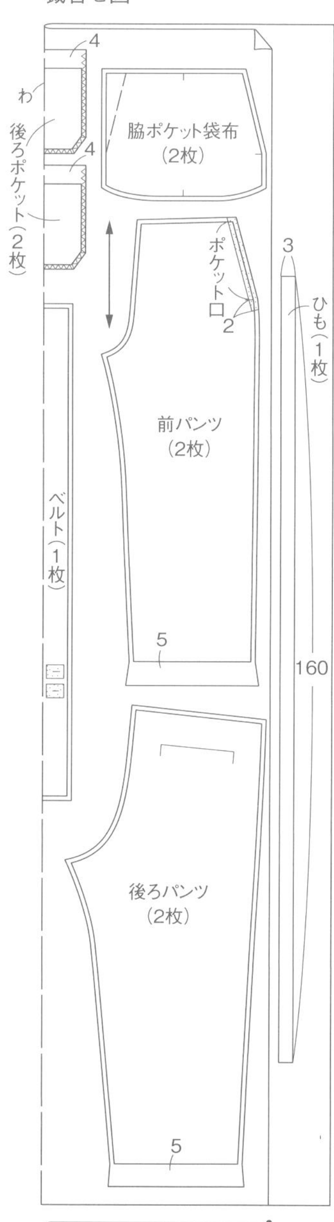

4
わ
後ろポケット（2枚）
4
脇ポケット袋布（2枚）
ポケット口
2
3
ひも（1枚）
前パンツ（2枚）
ベルト（1枚）
5
160
後ろパンツ（2枚）
5
108/110cm幅

＊指定以外の縫い代は 1 cm
＊ は裏に接着芯または接着テープをはる
＊ はジグザグミシンをかける

1. 後ろポケットをつける → p.71参照

2. 脇ポケットを作る → p.71参照

3. 脇を縫う → p.71参照

4. 股下を縫う → p.71参照

5. 裾を三つ折りにして縫う → p.71参照

6. 股ぐりを縫う→ p.72参照

7. 表ベルトにひも通し口を作り、パンツにベルトをつける

8. ひもを縫い、ベルトにひもとゴムテープを通す

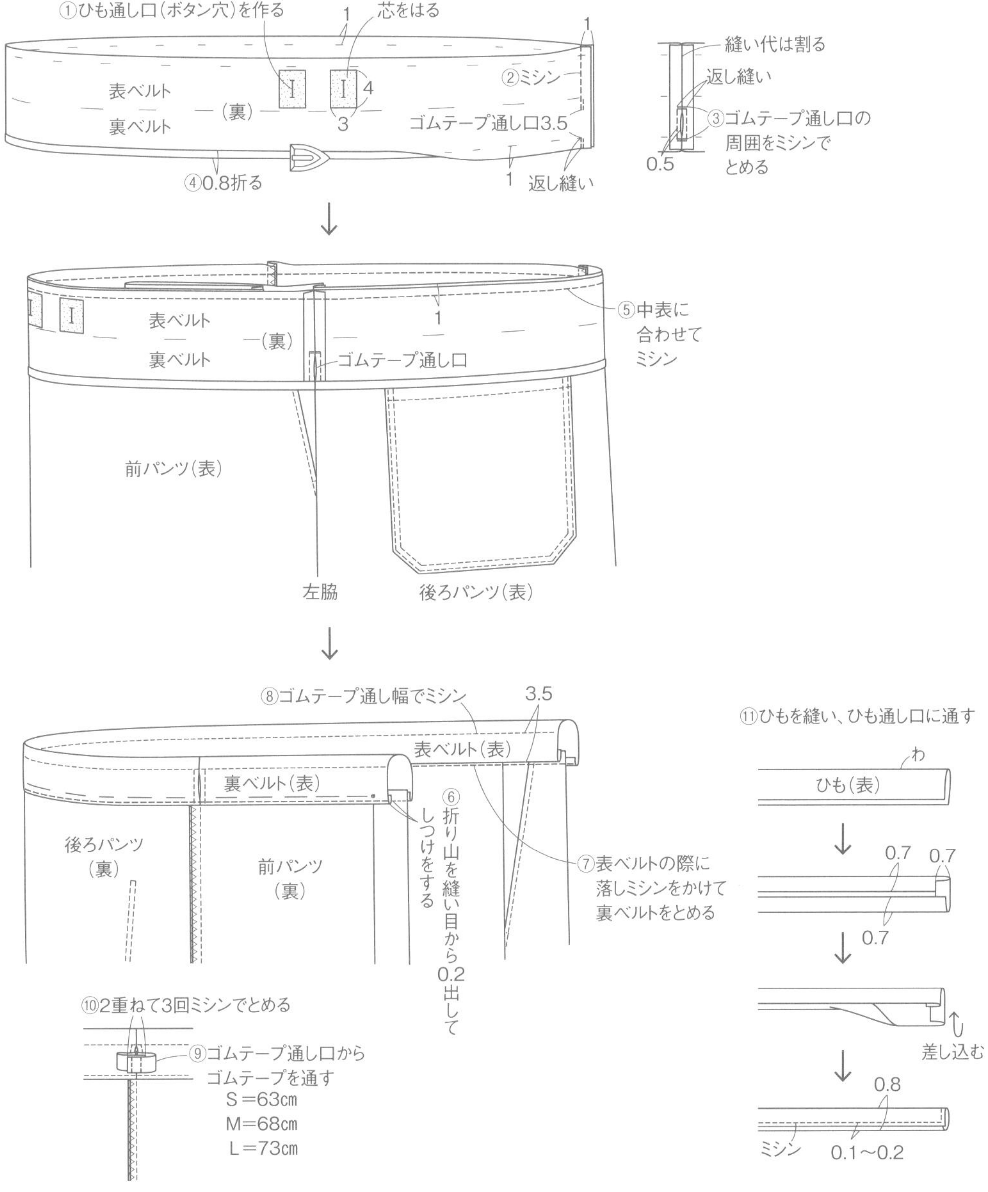
①ひも通し口(ボタン穴)を作る
1
芯をはる
1
表ベルト
裏ベルト
(裏)
4
3
②ミシン
ゴムテープ通し口3.5
④0.8折る
1
返し縫い
縫い代は割る
返し縫い
③ゴムテープ通し口の
周囲をミシンで
とめる
0.5
表ベルト
裏ベルト
(裏)
1
⑤中表に
合わせて
ミシン
ゴムテープ通し口
前パンツ(表)
左脇
後ろパンツ(表)
⑧ゴムテープ通し幅でミシン
3.5
表ベルト(表)
裏ベルト(表)
⑥折り山を縫い目から0.2出してしつけをする
⑦表ベルトの際に
落しミシンをかけて
裏ベルトをとめる
後ろパンツ
(裏)
前パンツ
(裏)
⑩2重ねて3回ミシンでとめる
⑨ゴムテープ通し口から
ゴムテープを通す
S＝63㎝
M＝68㎝
L＝73㎝
⑪ひもを縫い、ひも通し口に通す
わ
ひも(表)
0.7
0.7
0.7
差し込む
0.8
ミシン
0.1〜0.2

G スタンダードギャザーワンピース

page 18　実物大パターンD面

出来上り寸法	S	M	L
バスト：	152cm	156cm	161cm
着丈：	112cm	114cm	116cm
袖丈：	35cm	36cm	37cm

モデル（身長167cm）はMサイズで着丈＋10cmのものを着用しています

材料　左からS／M／Lサイズ

表布：リバティプリント Maria（YE グレー地にブルー・ラベンダー系）108cm幅 3.6m／3.7m／3.8m
接着芯（スラッシュ見返し）：横15×縦20cm
接着テープ（前ポケット口）：1.5cm幅 40cm
ボタン：直径1cm 2個
リボン：0.6cm幅 60cm

縫い方順序

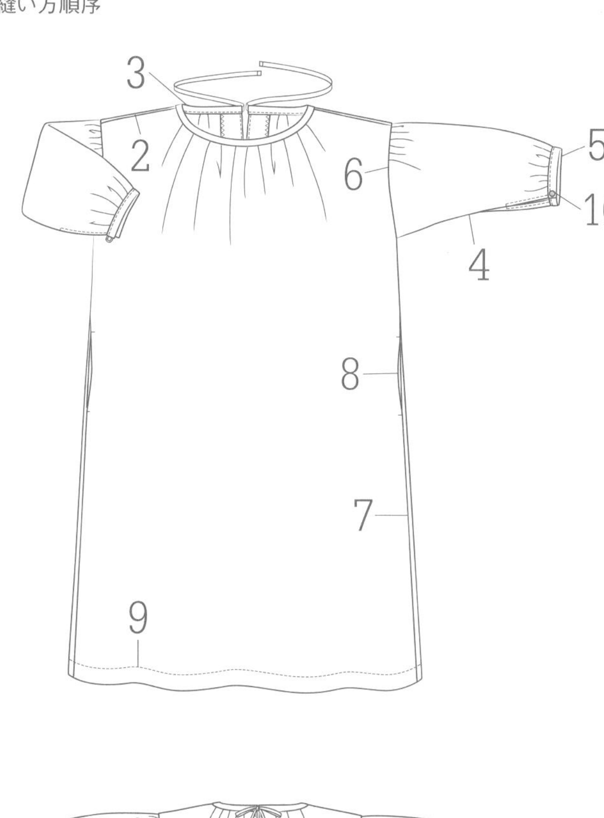

3
2
6
5
10
4
8
7
9

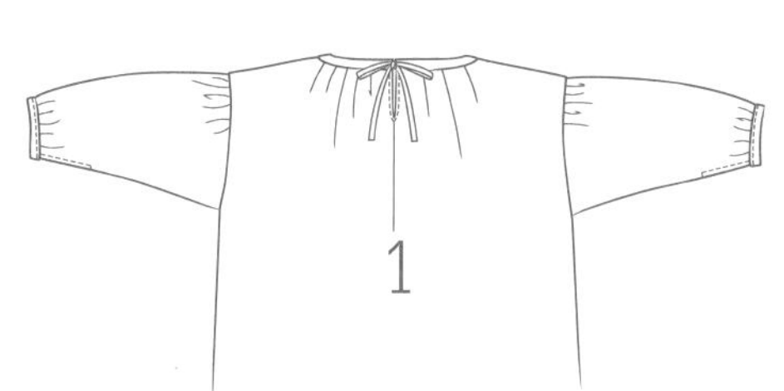

1

裁合せ図

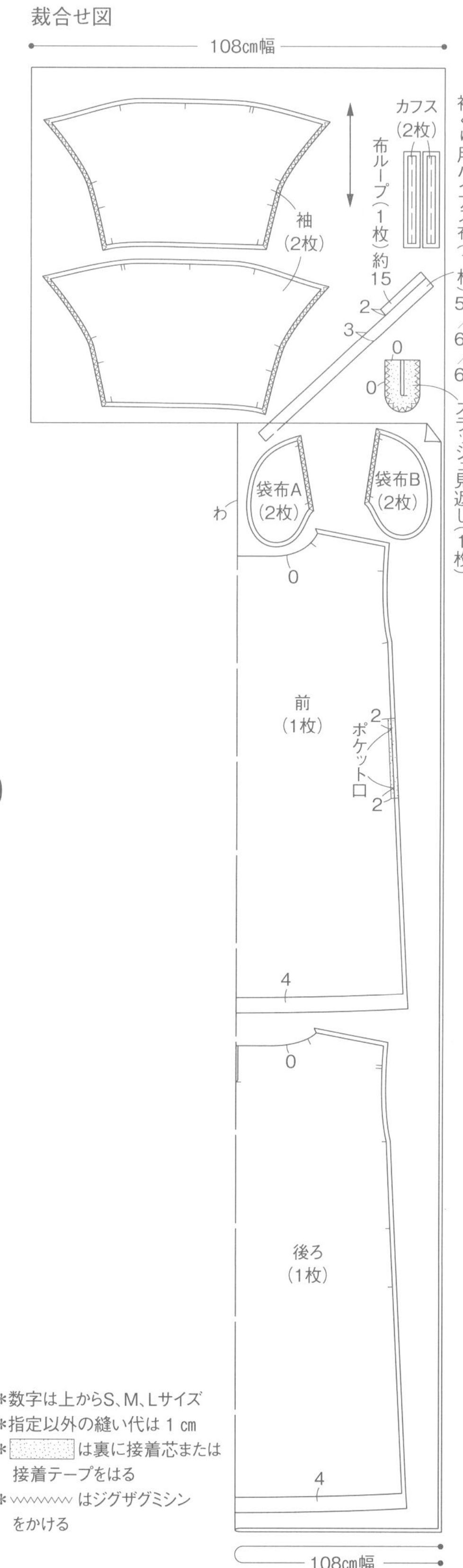

108cm幅
袖（2枚）
カフス（2枚）
布ループ（1枚）約15
衿ぐり用バイアス布（1枚）59／60／61
2
3
0
0
スラッシュ見返し（1枚）
袋布A（2枚）
袋布B（2枚）
わ
0
前（1枚）
2
ポケット口
2
4
0
後ろ（1枚）
4
108cm幅

＊数字は上からS、M、Lサイズ
＊指定以外の縫い代は1cm
＊［点模様］は裏に接着芯または接着テープをはる
＊［波線］はジグザグミシンをかける

1. 後ろ衿ぐりにスラッシュあきを作る

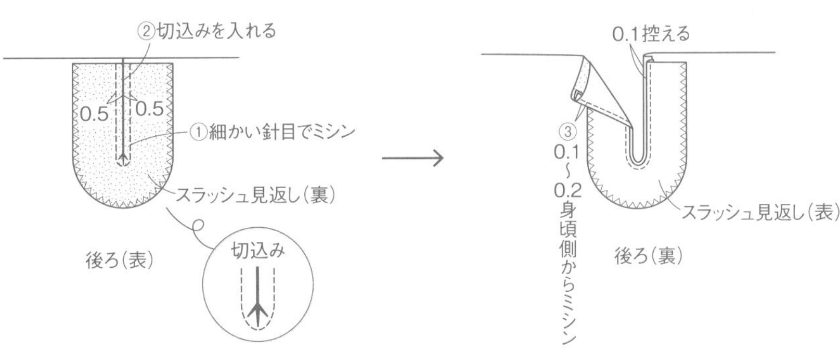
②切込みを入れる
0.5
0.5
①細かい針目でミシン
スラッシュ見返し(裏)
後ろ(表)
切込み
0.1控える
③
0.1〜0.2身頃側からミシン
スラッシュ見返し(表)
後ろ(裏)

2. 肩を縫う

3. 衿ぐりにギャザーを寄せて共布バイアス布でくるみ、リボンをつける

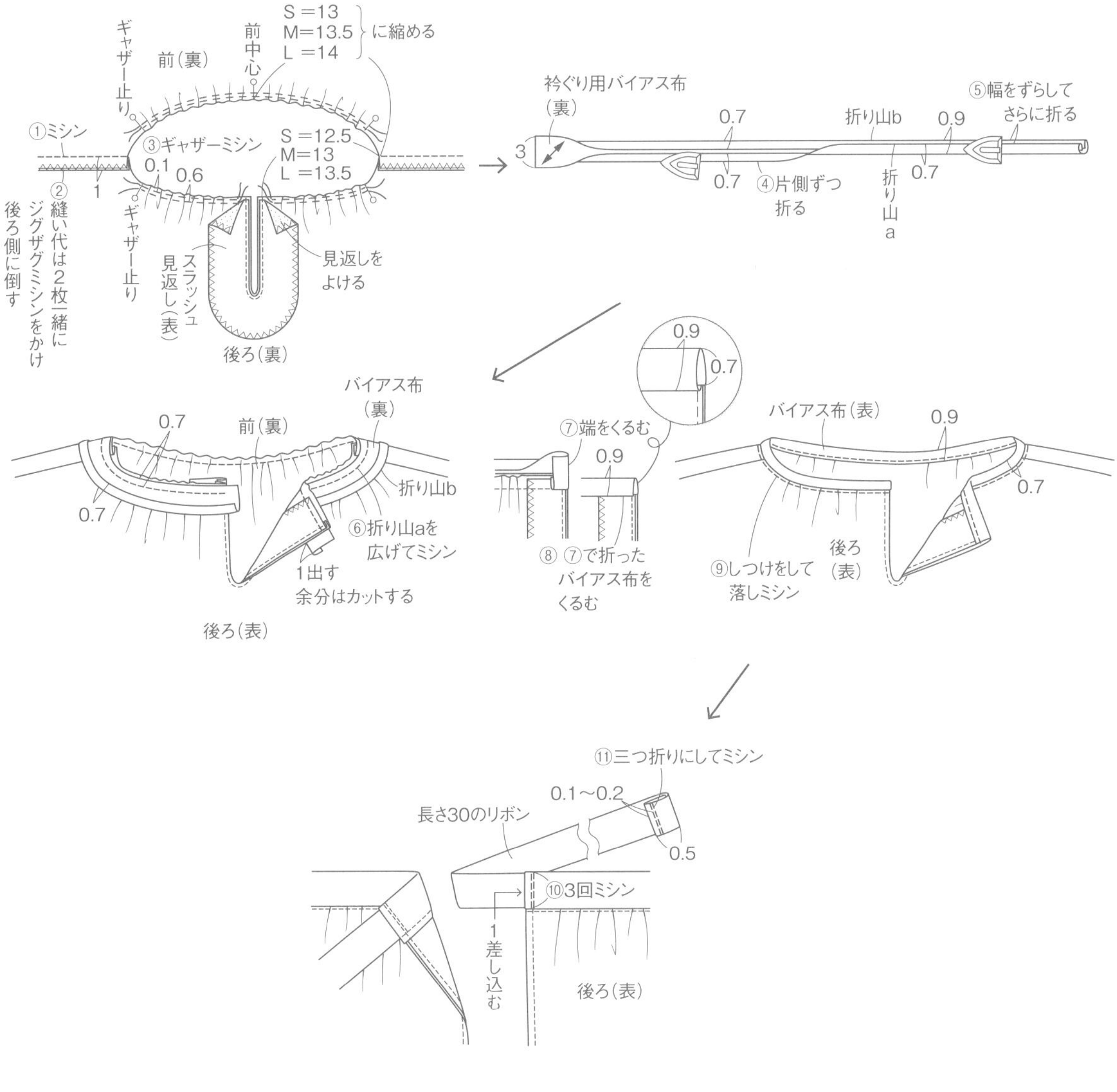

S＝13
M＝13.5
L＝14
に縮める
前中心
前(裏)
ギャザー止り
①ミシン
③ギャザーミシン
S＝12.5
M＝13
L＝13.5
0.1
0.6
1
②縫い代は2枚一緒にジグザグミシンをかけ後ろ側に倒す
ギャザー止り
スラッシュ見返し(表)
見返しをよける
後ろ(裏)

衿ぐり用バイアス布(裏)
3
0.7
0.7
④片側ずつ折る
折り山b
0.9
0.7
折り山a
⑤幅をずらしてさらに折る

バイアス布(裏)
0.7
前(裏)
0.7
折り山b
⑥折り山aを広げてミシン
1出す
余分はカットする
後ろ(表)

0.9
0.7
⑦端をくるむ
0.9
⑧⑦で折ったバイアス布をくるむ

バイアス布(表)
0.9
0.7
⑨しつけをして落しミシン
後ろ(表)

⑪三つ折りにしてミシン
0.1〜0.2
長さ30のリボン
0.5
⑩3回ミシン
1差し込む
後ろ(表)

4. あき止りまで袖下を縫い、袖山と袖口にギャザーを寄せる → p.65参照

5. 布ループ（4cm×2本）を作り → p.110参照、袖口に布ループとカフスをつける

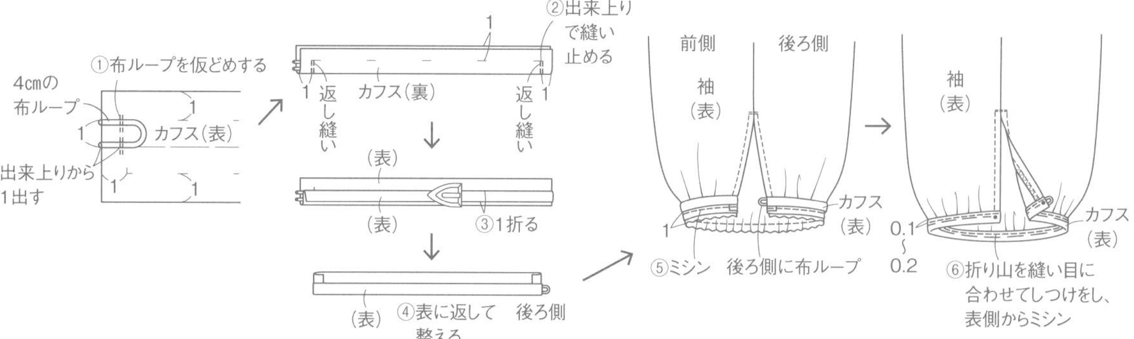

4cmの
布ループ
①布ループを仮どめする
1
カフス(表)
出来上り から
1出す
1
②出来上り
で縫い
止める
返し縫い
カフス(裏)
返し縫い
(表)
(表)
③1折る
(表)
④表に返して
整える
後ろ側
前側
後ろ側
袖
(表)
カフス
(表)
⑤ミシン
後ろ側に布ループ
0.1
0.2
⑥折り山を縫い目に
合わせてしつけをし、
表側からミシン

6. 袖をつける → p.66参照

7. ポケット口を残して脇を縫う
→ p.108ポケットA参照

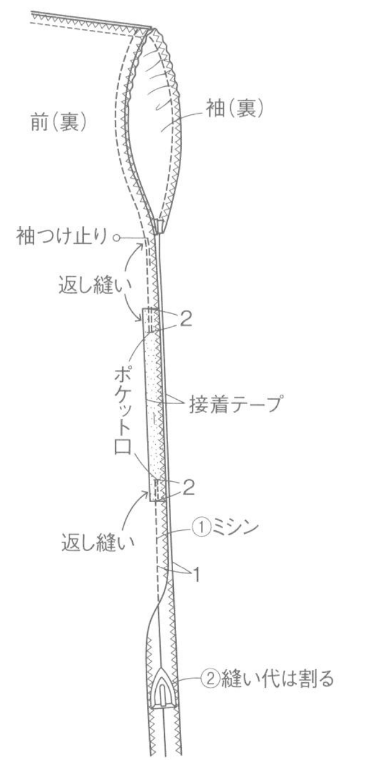

前(裏)
袖(裏)
袖つけ止り
返し縫い
2
ポケット口
接着テープ
2
返し縫い
①ミシン
1
②縫い代は割る

8. ポケットを作る → p.108ポケットA参照

9. 裾を三つ折りにして縫う

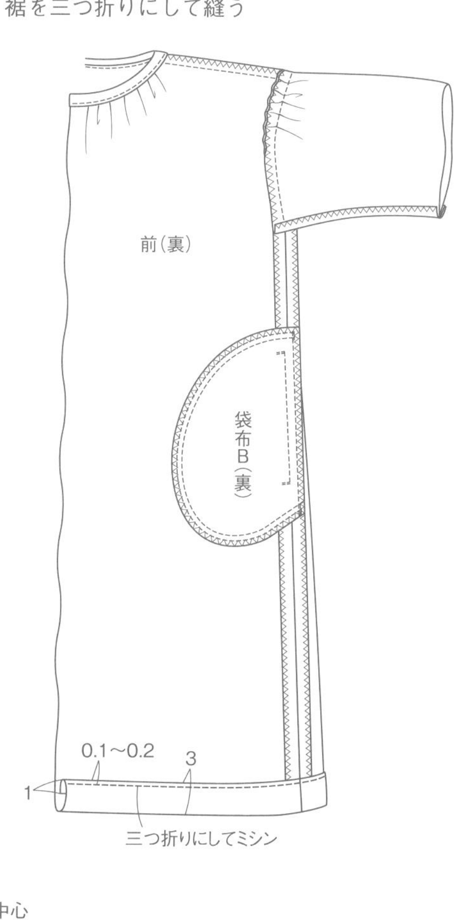

前(裏)
袋布B(裏)
0.1〜0.2
3
1
三つ折りにしてミシン

10. カフスにボタンをつける
→ p.110参照

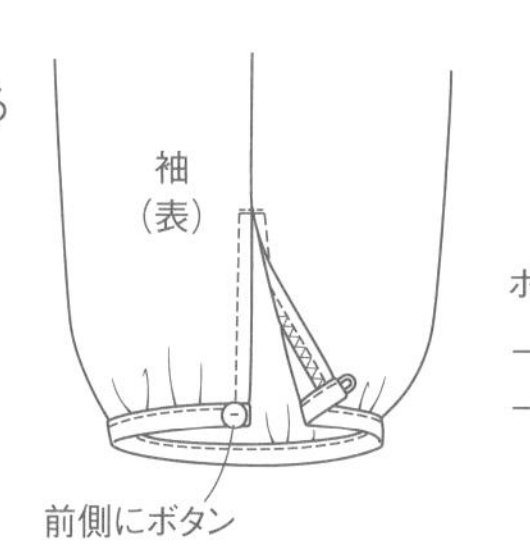

袖
(表)
前側にボタン

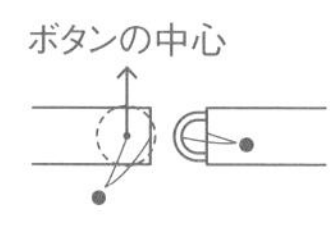

ボタンの中心

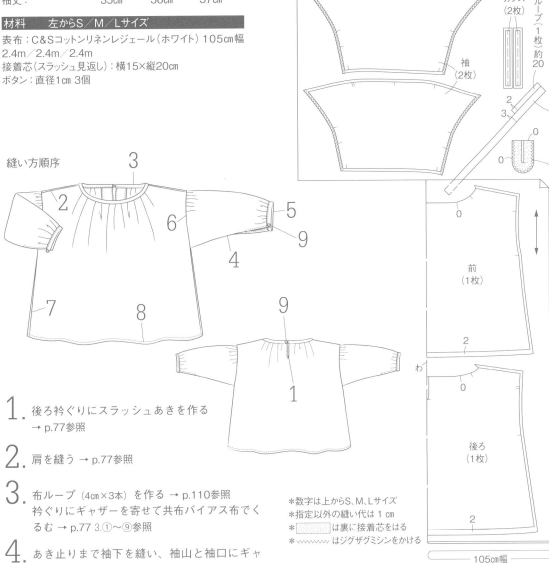

スタンダードギャザーブラウス

page25 実物大パターンD面

出来上り寸法	S	M	L
バスト：	152㎝	156㎝	161㎝
着丈：	61㎝	62㎝	63㎝
袖丈：	35㎝	36㎝	37㎝

材料　左からS／M／Lサイズ

表布：C&Sコットンリネンレジェール（ホワイト）105㎝幅 2.4m／2.4m／2.4m
接着芯（スラッシュ見返し）：横15×縦20㎝
ボタン：直径1㎝ 3個

裁合せ図

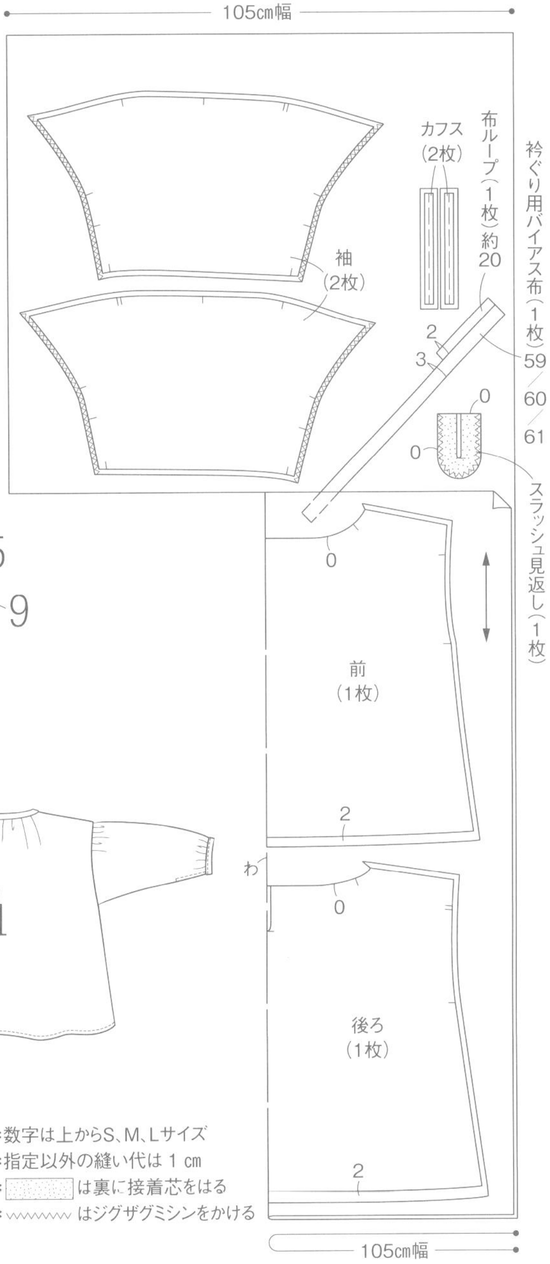

105㎝幅

カフス（2枚）
布ループ（1枚）約20
衿ぐり用バイアス布（1枚）59／60／61
袖（2枚）
スラッシュ見返し（1枚）
前（1枚）
後ろ（1枚）
わ

*数字は上からS、M、Lサイズ
*指定以外の縫い代は1㎝
*　　　は裏に接着芯をはる
*　　　はジグザグミシンをかける

縫い方順序

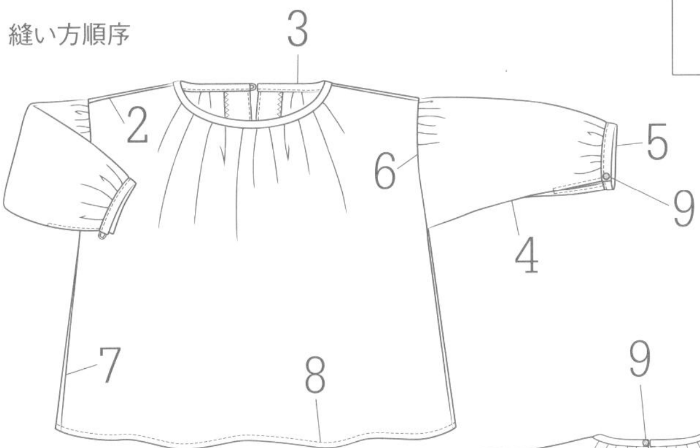

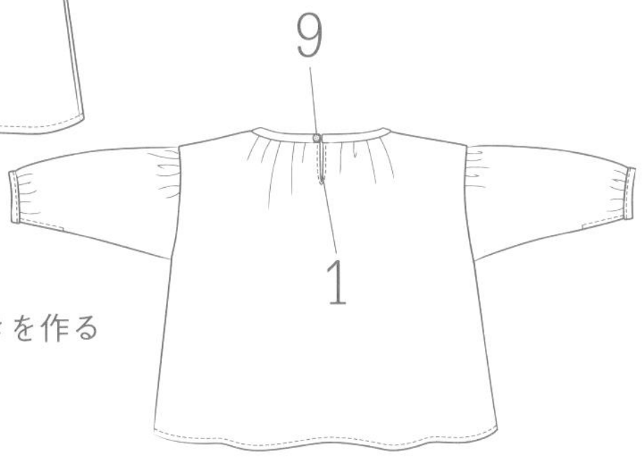

1. 後ろ衿ぐりにスラッシュあきを作る → p.77参照
2. 肩を縫う → p.77参照
3. 布ループ（4㎝×3本）を作る → p.110参照
   衿ぐりにギャザーを寄せて共布バイアス布でくるむ → p.77 3.①〜⑨参照
4. あき止りまで袖下を縫い、袖山と袖口にギャザーを寄せる → p.65参照
5. 袖口に布ループとカフスをつける → p.78参照
6. 袖をつける → p.66 参照
7. 脇を縫う → p.66参照
8. 裾を三つ折りにして縫う → p.66参照

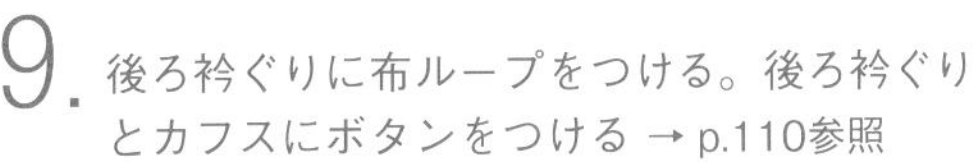

9. 後ろ衿ぐりに布ループをつける。後ろ衿ぐりとカフスにボタンをつける → p.110参照

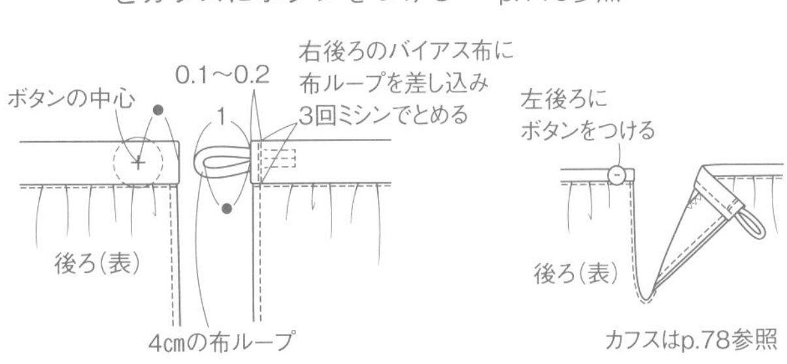
ボタンの中心
0.1〜0.2
1
右後ろのバイアス布に布ループを差し込み3回ミシンでとめる
後ろ（表）
4㎝の布ループ
左後ろにボタンをつける
後ろ（表）
カフスはp.78参照

フラワーシードポシェット

page20,30,31 実物大パターンなし

出来上り寸法 ワンサイズ

18.5×14㎝

材料 ワンサイズ

p.20 表袋布：リバティプリント Annabella（BE ピンク・ライトブルー系） 横16×縦20㎝を2枚
ポケット：リバティプリント Annabella（BE ピンク・ライトブルー系） 横16×縦17㎝を1枚
裏袋布：C&S海のブロード（ペパーミント） 横16×縦39㎝を1枚
p.30 表袋布：C&SナチュラルコットンHOLIDAY（オートミール） 横16×縦20㎝を2枚
ポケット：C&SナチュラルコットンHOLIDAY（オートミール） 横16×縦17㎝を1枚
裏袋布：C&SナチュラルコットンHOLIDAY（オートミール） 横16×縦39㎝を1枚
p.31 表袋布：C&Sコットンパピエギンガムチェック（ブルー 7㎜幅） 横16×縦20㎝を2枚
ポケット：C&Sコットンパピエギンガムチェック（ブルー 7㎜幅） 横16×縦17㎝を1枚
裏袋布：C&Sコットンパピエ（ホワイト） 横16×縦39㎝を1枚
ひも：5㎜幅1.2m

製図

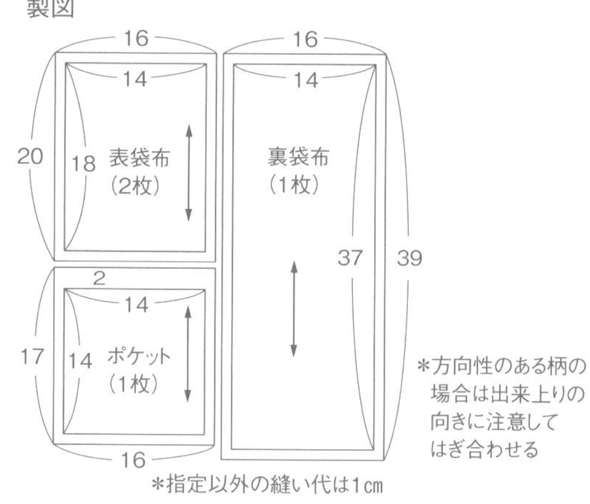

16
14
20
18
表袋布
（2枚）
16
14
裏袋布
（1枚）
37
39
2
14
17
14
ポケット
（1枚）
16
*方向性のある柄の場合は出来上りの向きに注意してはぎ合わせる
*指定以外の縫い代は1㎝

縫い方順序

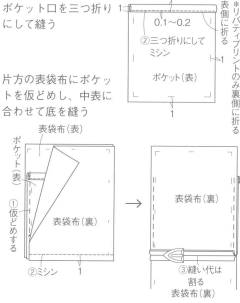

1. ポケット口を三つ折りにして縫う

①表側に折る
②三つ折りにしてミシン
0.1〜0.2
ポケット（表）
*リバティプリントのみ裏側に折る

2. 片方の表袋布にポケットを仮どめし、中表に合わせて底を縫う

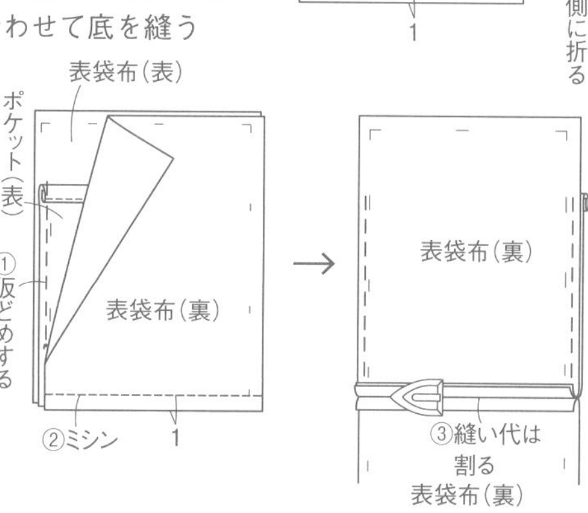

表袋布（表）
ポケット（表）
①仮どめする
表袋布（裏）
②ミシン
1
表袋布（裏）
③縫い代は割る
表袋布（裏）

3. 表袋布と裏袋布を中表に合わせて袋口を縫う

表袋布（表）
裏袋布（裏）
ミシン

4. 中表のまま袋口を合わせ、表袋布、裏袋布をそれぞれ折って広げ、裏袋布には返し口を残して両脇を縫う

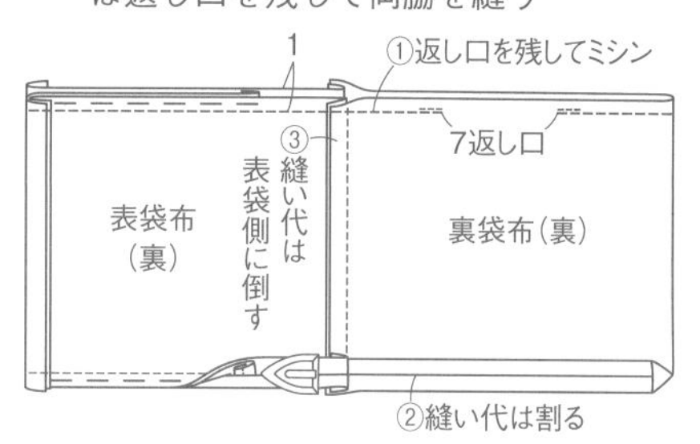

1
①返し口を残してミシン
③縫い代は表袋側に倒す
7返し口
表袋布（裏）
裏袋布（裏）
②縫い代は割る

5. 表に返してステッチをかける。返し口をまつる

6. ひもをつける

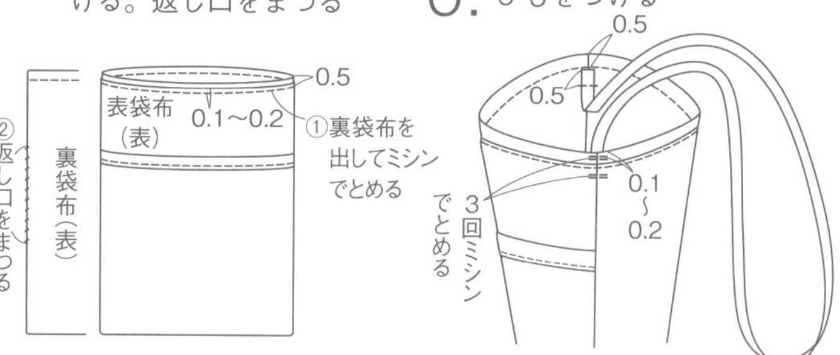

②返し口をまつる
裏袋布（表）
表袋布（表）
0.5
0.1〜0.2
①裏袋布を出してミシンでとめる
0.5
0.5
3回ミシンでとめる
0.1〜0.2

小さな衿のローウエスト ワンピース

page20 実物大パターンA面

出来上り寸法	S	M	L
バスト：	144cm	148cm	153cm
着丈：	106cm	108cm	110cm
袖丈：	26.5cm	27.5cm	28cm

材料　左からS／M／Lサイズ

表布：C&Sコットンパピエ（ブラック）105cm幅 4m／4.1m／4.1m
接着芯（表衿、前見返し）：90cm幅 60cm
ボタン：直径1cm 6個

縫い方順序

1
2
3
4
5
6
7
8
9
10
11

＊指定以外の縫い代は1cm
＊は接着芯をはる
＊～～～はジグザグミシンをかける

裁合せ図

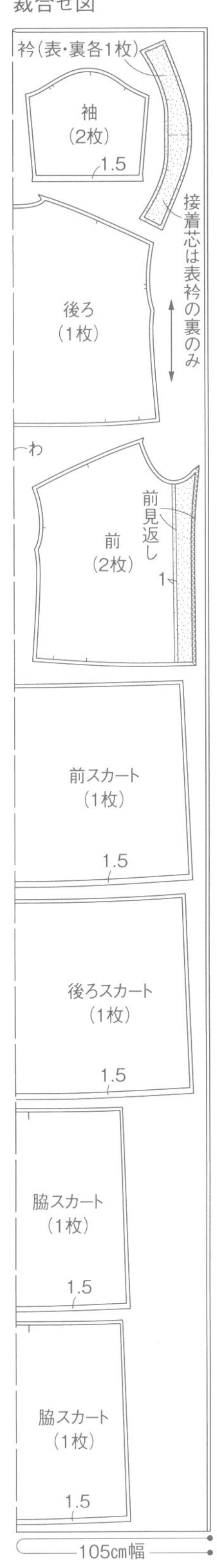

衿（表・裏各1枚）
袖
（2枚）
1.5
接着芯は表衿の裏のみ
後ろ
（1枚）
わ
前見返し
前
（2枚）
1
前スカート
（1枚）
1.5
後ろスカート
（1枚）
1.5
脇スカート
（1枚）
1.5
脇スカート
（1枚）
1.5
105cm幅

H

1. 前見返しの奥を二つ折りにして縫い、前端から折る

2. 身頃の肩を縫う

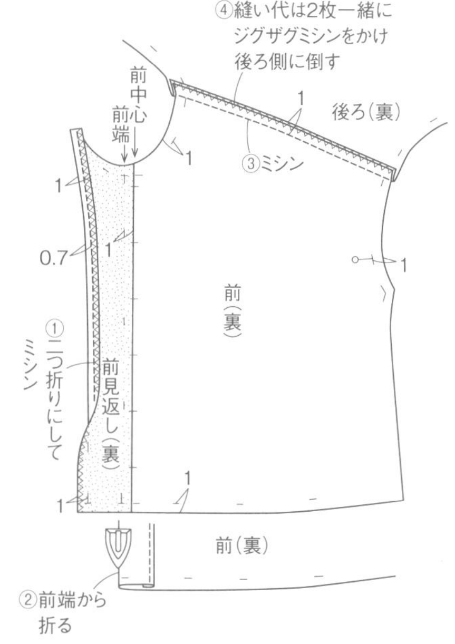

④縫い代は2枚一緒に
ジグザグミシンをかけ
後ろ側に倒す
前中心
前端
1
③ミシン
後ろ(裏)
1
0.7
1
前(裏)
①二つ折りにしてミシン
前見返し(裏)
1
1
前(裏)
②前端から折る

3. 衿を作る

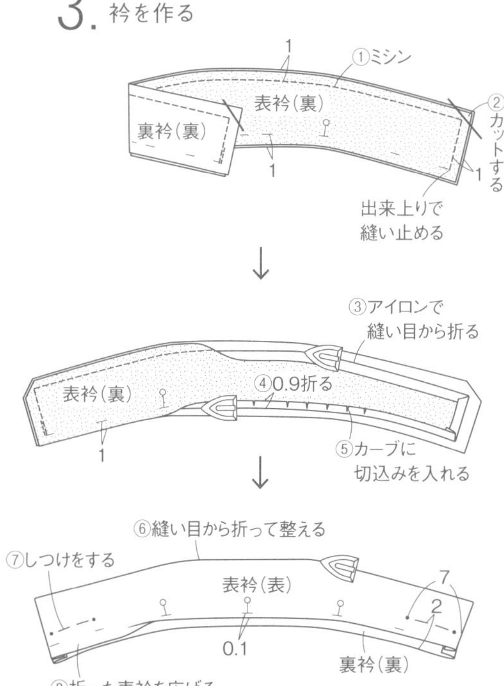

1
①ミシン
表衿(裏)
裏衿(裏)
②カットする
1
1
出来上りで
縫い止める
③アイロンで
縫い目から折る
表衿(裏)
④0.9折る
1
⑤カーブに
切込みを入れる
⑥縫い目から折って整える
⑦しつけをする
表衿(表)
7
2
0.1
裏衿(裏)
⑧折った表衿を広げる

4. 衿をつける

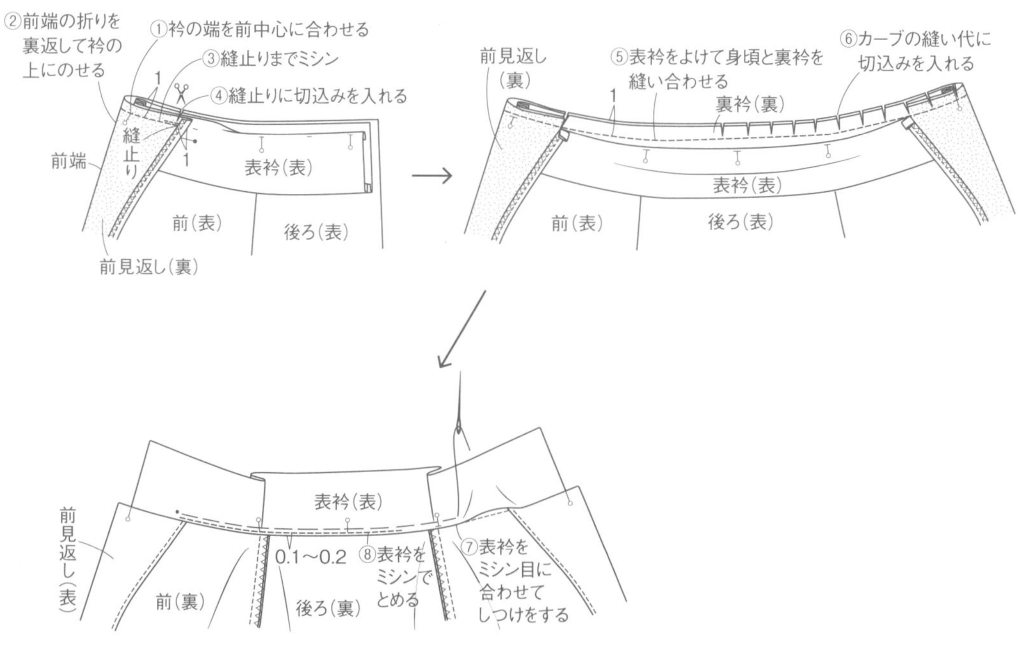

②前端の折りを
裏返して衿の
上にのせる
①衿の端を前中心に合わせる
③縫止りまでミシン
④縫止りに切込みを入れる
1
1
縫止り
前端
表衿(表)
前(表)
後ろ(表)
前見返し(裏)
前見返し
(裏)
⑤表衿をよけて身頃と裏衿を
縫い合わせる
1
裏衿(裏)
⑥カーブの縫い代に
切込みを入れる
表衿(表)
前(表)
後ろ(表)
表衿(表)
前見返し(表)
0.1〜0.2
⑧表衿を
ミシンで
とめる
⑦表衿を
ミシン目に
合わせて
しつけをする
前(裏)
後ろ(裏)

5. 袖をつける → p.60参照

6. 脇と袖下を続けて縫う

7. 袖口を三つ折りにして縫う

8. 前後脇スカートを縫い合わせる

9. 裾を三つ折りにして縫い、ウエストにギャザーを寄せる

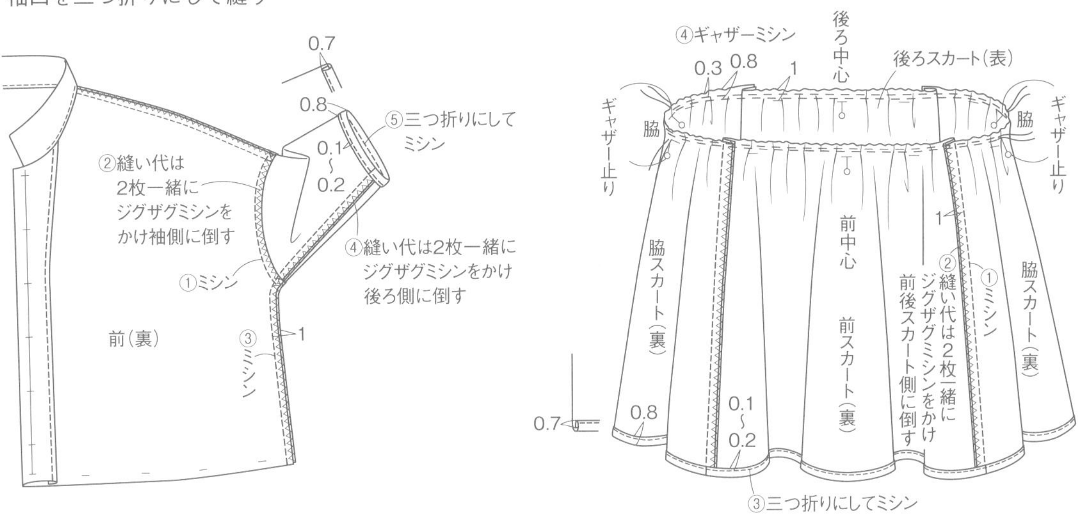
0.7
0.8
⑤三つ折りにしてミシン
0.1〜0.2
②縫い代は2枚一緒にジグザグミシンをかけ袖側に倒す
①ミシン
④縫い代は2枚一緒にジグザグミシンをかけ後ろ側に倒す
前(裏)
③ミシン
1
④ギャザーミシン
0.3
0.8
1
後ろ中心
後ろスカート(表)
ギャザー止り
脇
脇
ギャザー止り
1
前中心
②縫い代は2枚一緒にジグザグミシンをかけ前後スカート側に倒す
①ミシン
脇スカート(裏)
前スカート(裏)
脇スカート(裏)
0.7
0.8
0.1〜0.2
③三つ折りにしてミシン

10. 身頃とスカートを縫い合わせる

前(裏)
①前中心を合わせて重ね仮どめする
→
後ろ(表)
前(裏)
③縫い代は2枚一緒にジグザグミシンをかけ身頃側に倒す
1
②ミシン
後ろスカート(表)
前スカート(裏)
脇スカート(裏)

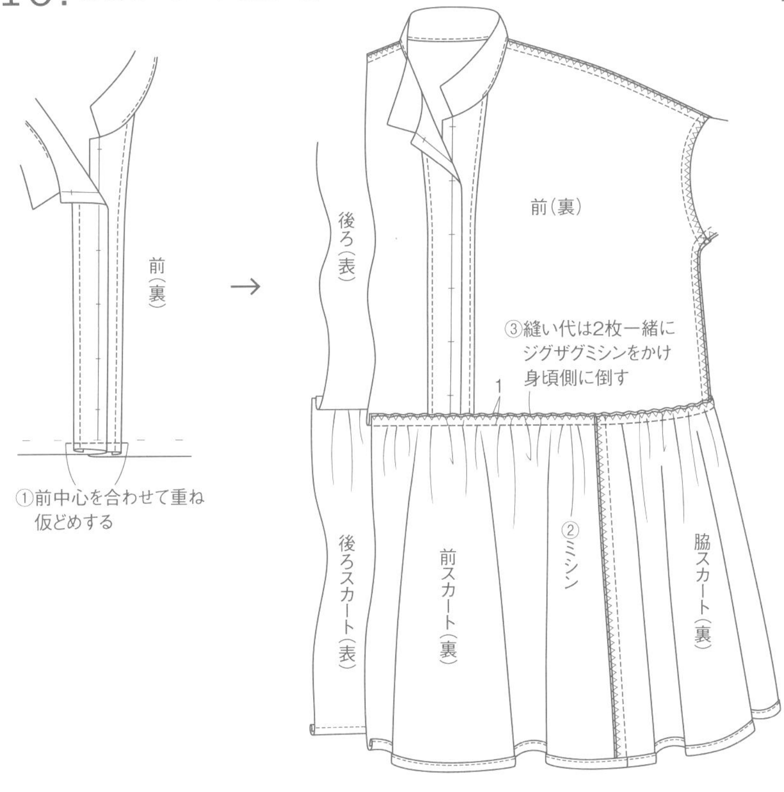

11. ボタン穴を作り、ボタンをつける → p.110参照

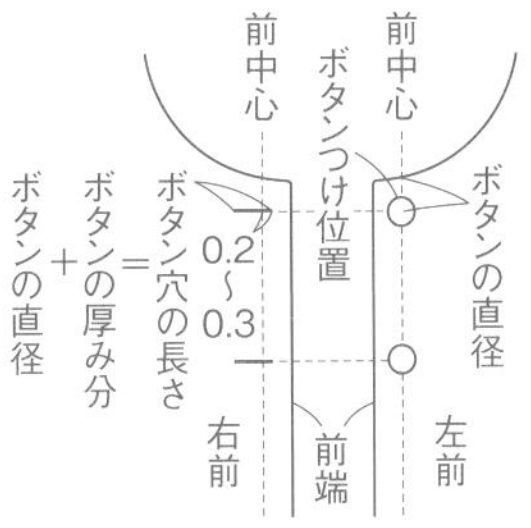

前中心
前中心
ボタンつけ位置
ボタンの直径
ボタン穴の長さ＝ボタンの厚み分＋ボタンの直径
0.2〜0.3
右前
前端
左前

J フローラルパッチワークスカート

page24,50 実物大パターンなし

出来上り寸法	S	M	L
ウエスト：	61cm	66cm	71cm
スカート丈：	78.5cm	79.5cm	80.5cm

材料　左からS／M／Lサイズ

表布：p.24 リバティプリント Edenham(LHE ネイビー系)、Edna(DE ブルー系)、Emilia's Flowers(ZE ブルー系)、Maria(ZE ネイビー系) 108cm幅 0.9m／0.9m／0.9m／0.9m(各種)
p.50 C&Sやさしいリネン(ホワイト) 110cm幅 3.4m／3.4m／3.5m
ゴムテープ：2.5cm幅 63cm／68cm／73cm
パッチワークはスカート布もベルト布も好きな組合せでお作りください。

製図

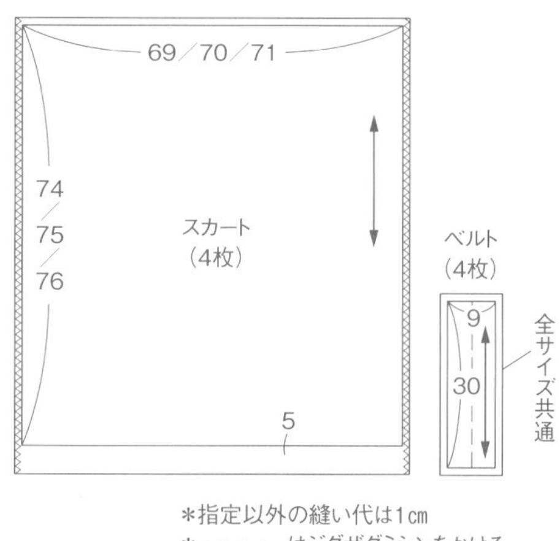

69／70／71
74／75／76
スカート
(4枚)
5
ベルト
(4枚)
9
30
全サイズ共通

＊指定以外の縫い代は1cm
＊ はジグザグミシンをかける

縫い方順序

1
2
3
4

1. ゴムテープ通し口を残してベルトをはぎ合わせる

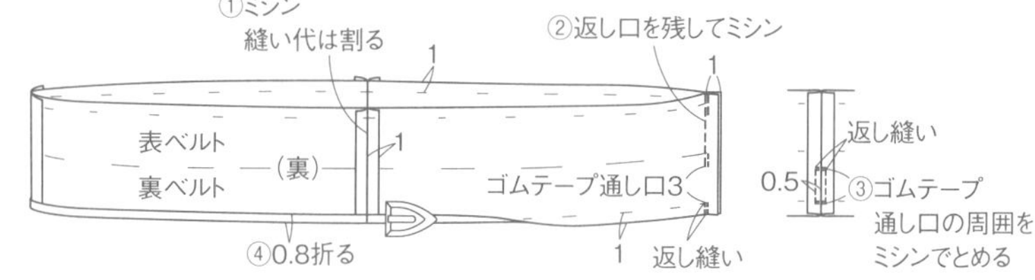

①ミシン
縫い代は割る
②返し口を残してミシン
1
1
表ベルト
裏ベルト
(裏)
1
ゴムテープ通し口3
④0.8折る
1
返し縫い
返し縫い
0.5
③ゴムテープ
通し口の周囲を
ミシンでとめる

2. スカートの切替え線をはぎ合わせる

3. 裾を三つ折りにして縫い、ウエストにギャザーを寄せる

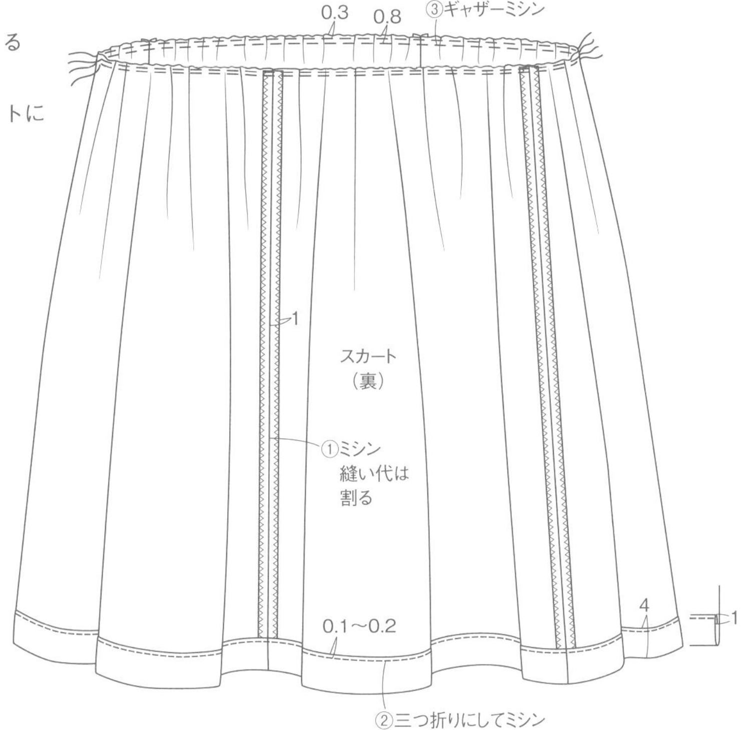
0.3
0.8
③ギャザーミシン
1
スカート
（裏）
①ミシン
縫い代は
割る
4
1
0.1～0.2
②三つ折りにしてミシン

4. スカートにベルトをつけ、ベルトにゴムテープを通す

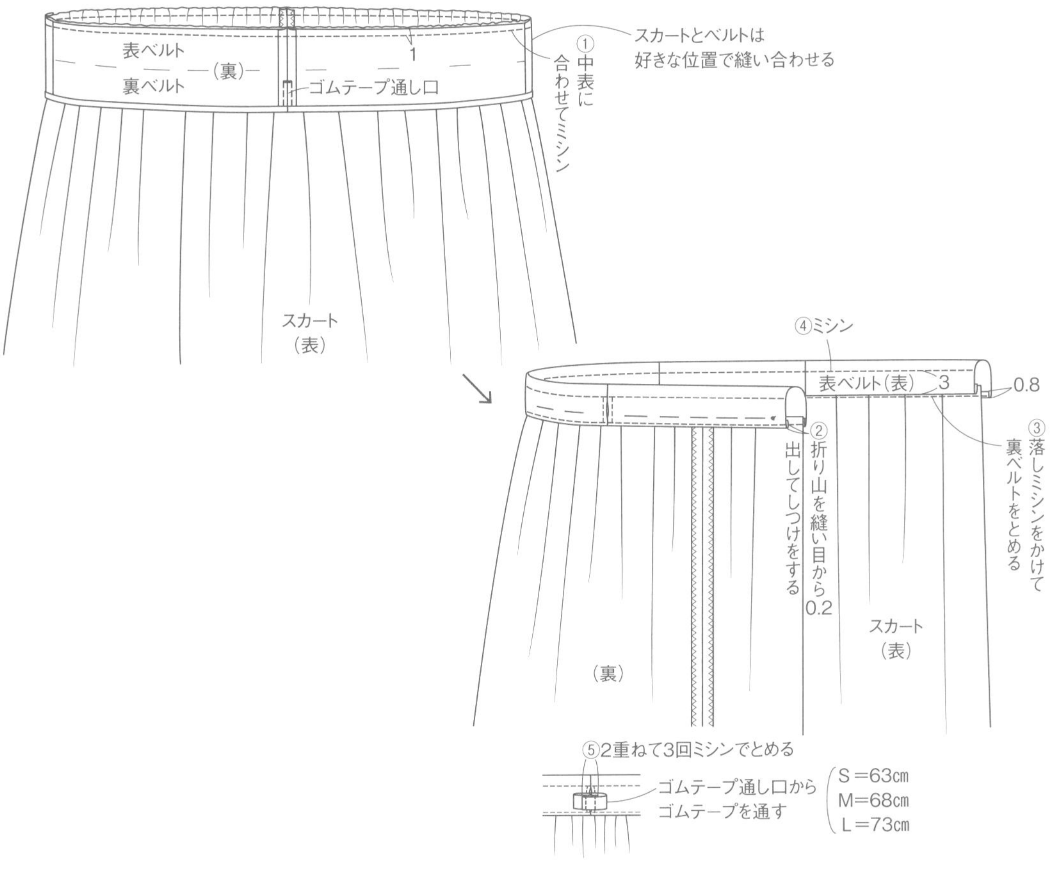

表ベルト
（裏）
裏ベルト
1
ゴムテープ通し口
①中表に合わせてミシン
スカートとベルトは
好きな位置で縫い合わせる
スカート
（表）

④ミシン
表ベルト（表）
3
0.8
②折り山を縫い目から0.2出してしつけをする
③落しミシンをかけて裏ベルトをとめる
スカート
（表）
（裏）

⑤2重ねて3回ミシンでとめる
ゴムテープ通し口から
ゴムテープを通す
S＝63㎝
M＝68㎝
L＝73㎝

L プリーツラップスカート

page26,47 実物大パターンなし

出来上り寸法　ワンサイズ

スカート丈：　70cm

材料　ワンサイズ

表布：p.26 C&Sやさしいリネン（ホワイト）110cm幅 3.1m
p.47 C&Sフランネルラパン（杢グレー）110cm幅3.1m
接着芯（ウエスト見返し）：横10×縦135cm

縫い方順序

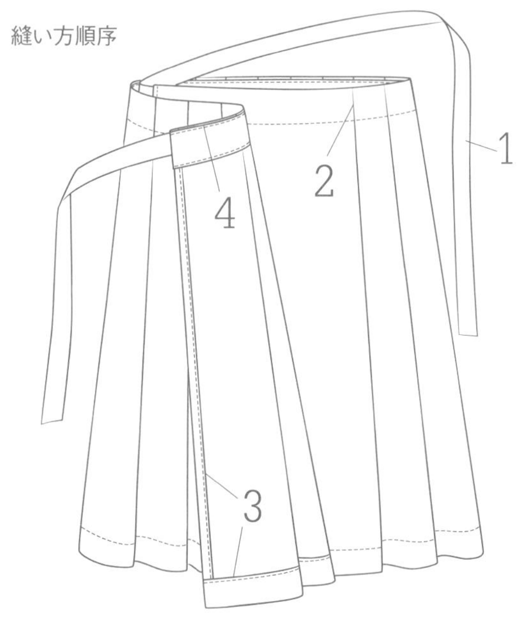

1
2
4
3

裁合せ図

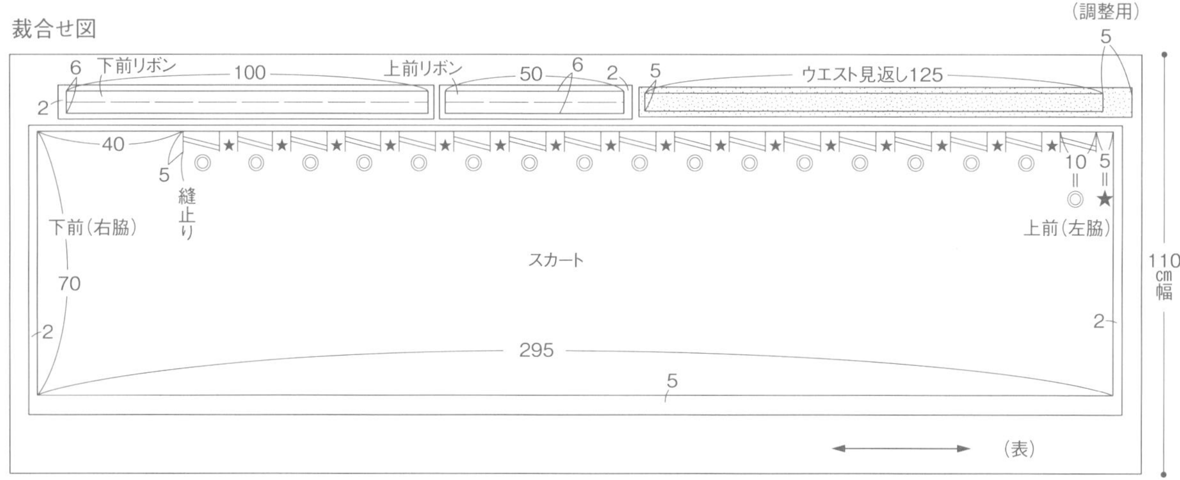

（調整用）
5
6
下前リボン
100
上前リボン
50
6
2
5
ウエスト見返し125
2
40
5
縫止り
10
5
下前（右脇）
上前（左脇）
スカート
110cm幅
70
2
2
295
5
（表）

＊指定以外の縫い代は１cm
＊　は接着芯をはる

1. 上前リボン、下前リボンを作る

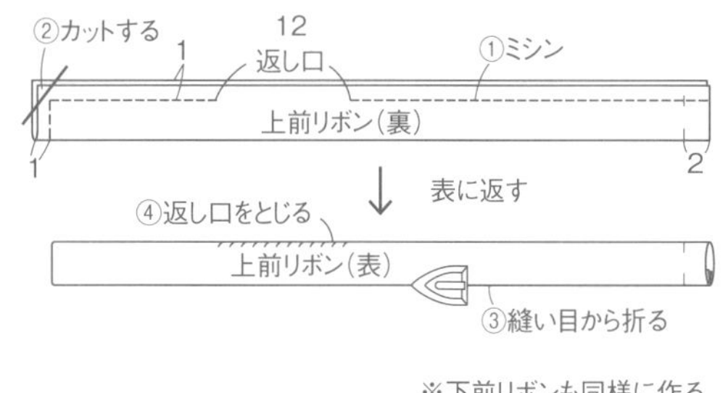

②カットする
1
12
返し口
①ミシン
上前リボン（裏）
1
2
表に返す
④返し口をとじる
上前リボン（表）
③縫い目から折る

※下前リボンも同様に作る

2. 縫止りまでプリーツを縫い、プリーツを倒してアイロンで整える

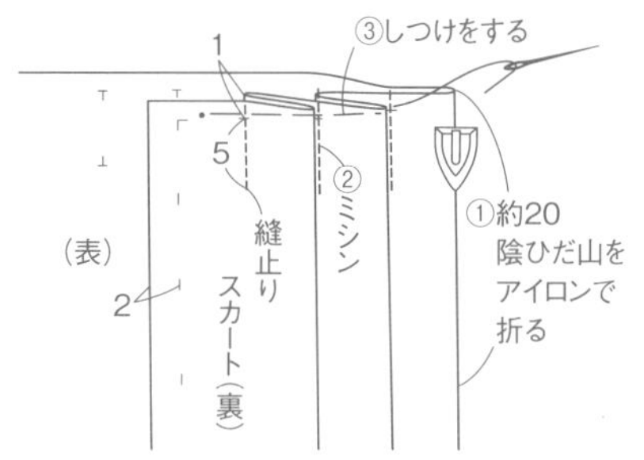

1
③しつけをする
5
②ミシン
①約20
陰ひだ山を
アイロンで
折る
縫止り
（表）
2
スカート（裏）

3. スカートの両端にリボンをつけ、両端と裾を三つ折りにして縫う

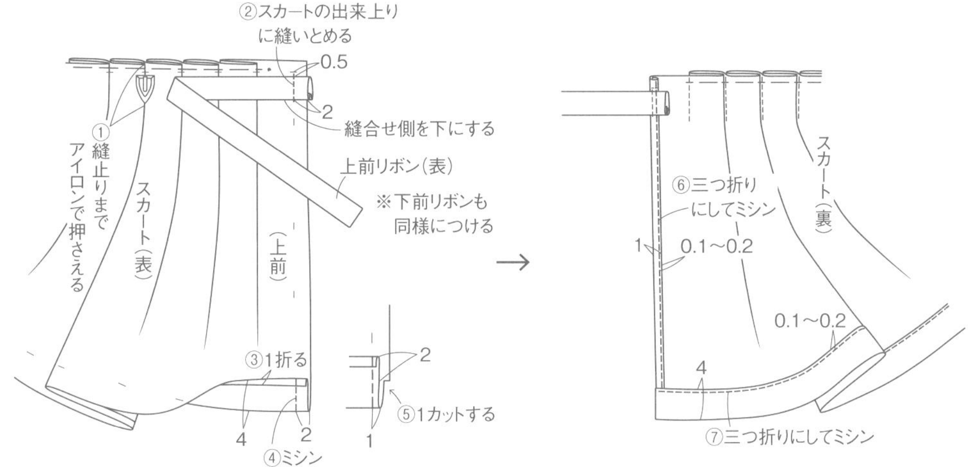

②スカートの出来上りに縫いとめる
0.5
2
縫合せ側を下にする
上前リボン（表）
※下前リボンも同様につける
①縫止りまでアイロンで押さえる
スカート（表）
（上前）
③1折る
4
④ミシン
2
2
⑤1カットする
1
⑥三つ折りにしてミシン
スカート（裏）
1
0.1〜0.2
0.1〜0.2
4
⑦三つ折りにしてミシン

4. スカートとウエスト見返しを中表に合わせて縫い、見返しの奥をミシンでとめる

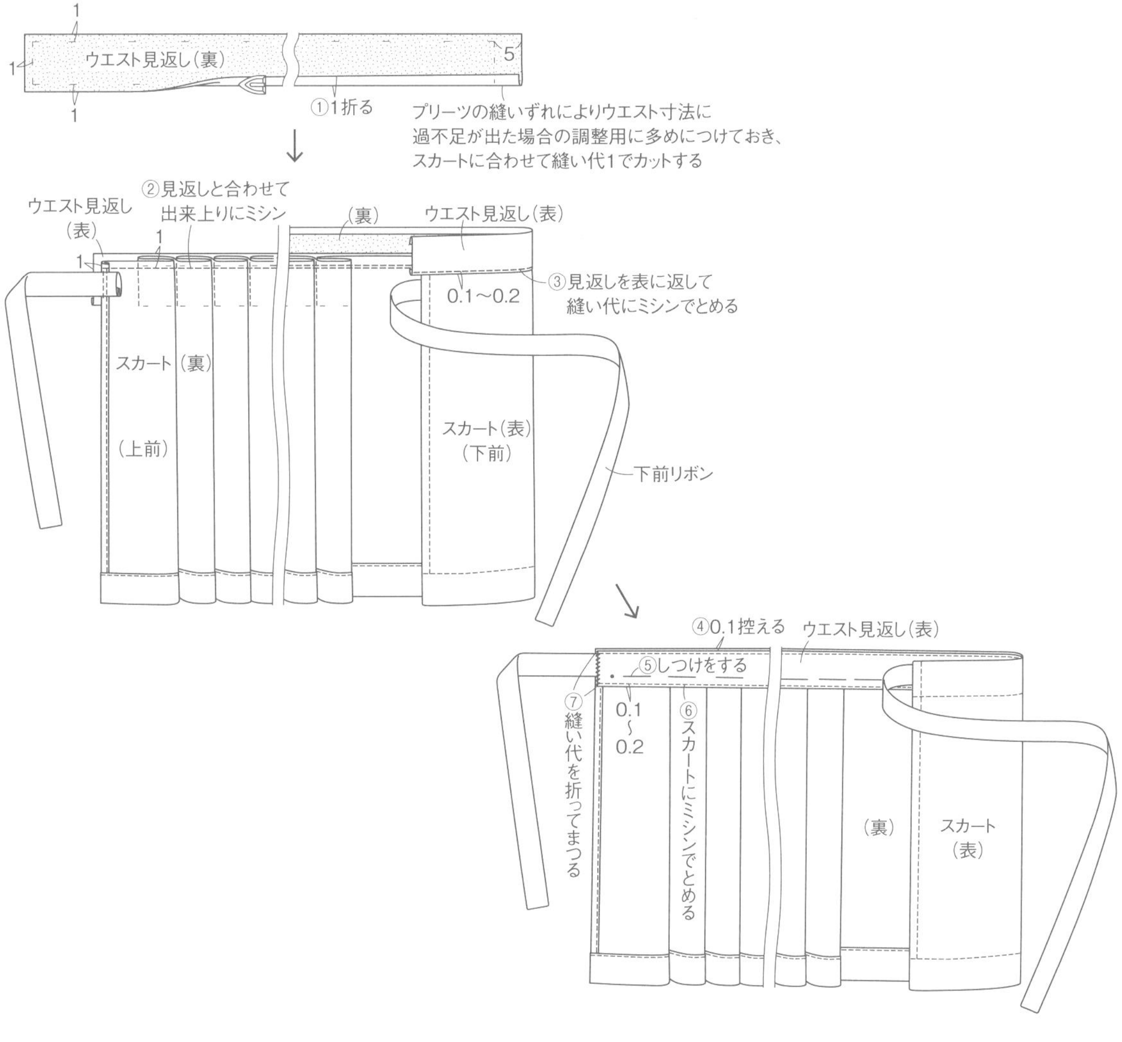

1
1
ウエスト見返し（裏）
5
1
①1折る

プリーツの縫いずれによりウエスト寸法に過不足が出た場合の調整用に多めにつけておき、スカートに合わせて縫い代1でカットする

ウエスト見返し（表）
1
1
②見返しと合わせて出来上りにミシン
（裏）
ウエスト見返し（表）
③見返しを表に返して縫い代にミシンでとめる
0.1〜0.2
スカート（裏）
（上前）
スカート（表）
（下前）
下前リボン

④0.1控える
ウエスト見返し（表）
⑤しつけをする
⑦縫い代を折ってまつる
0.1〜0.2
⑥スカートにミシンでとめる
（裏）
スカート（表）

M ペタルブラウス

page27 実物大パターンD面

出来上り寸法	S	M	L
バスト：	134cm	138cm	143cm
着丈：	62cm	63cm	64cm
袖丈：	46cm	47cm	48cm

材料　左からS／M／Lサイズ

表布：C&Sコットンパピエギンガムチェック（ブルー 7mm幅）105cm幅 2.3m／2.3m／2.3m

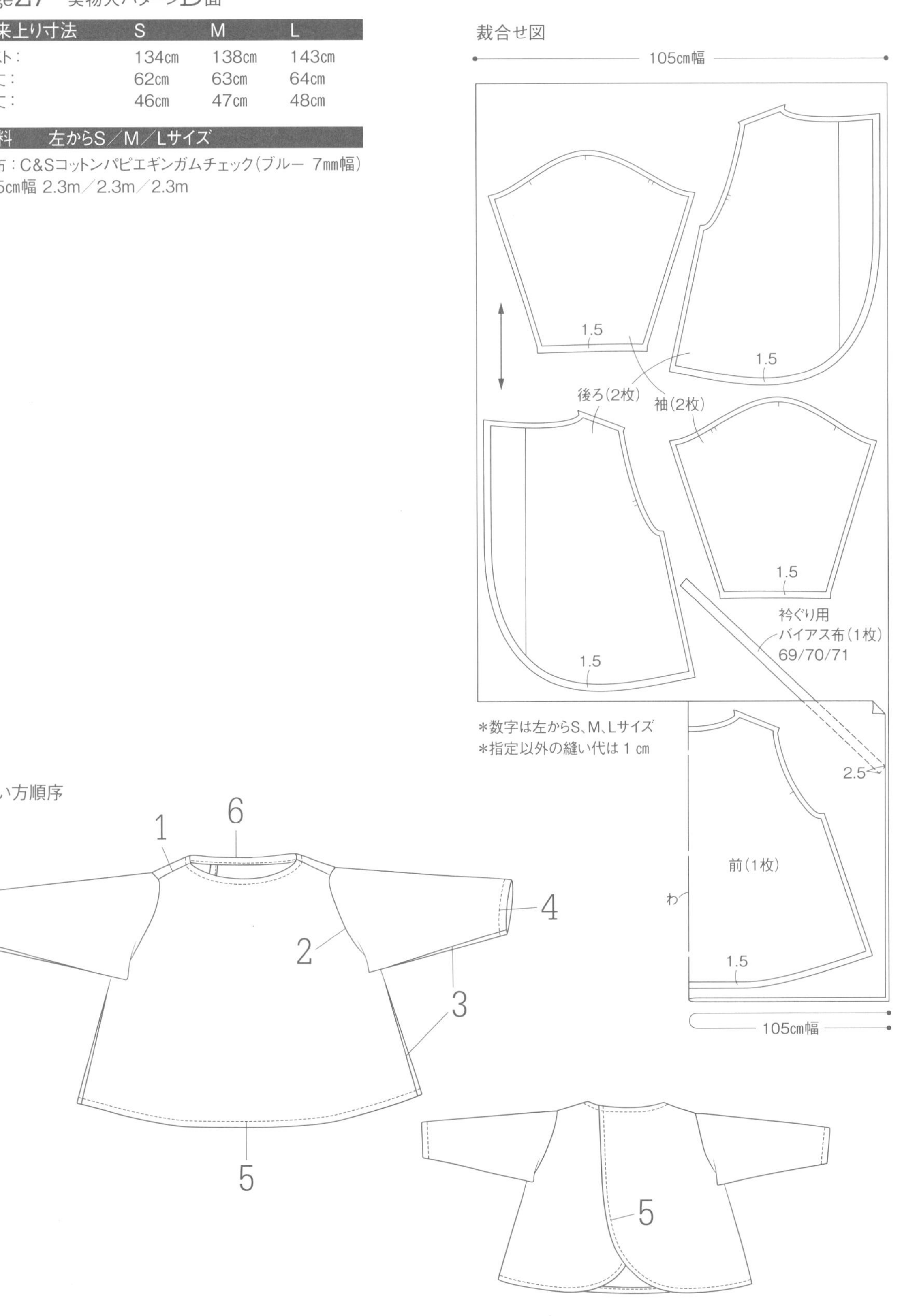

裁合せ図
105cm幅
1.5
1.5
後ろ（2枚）
袖（2枚）
1.5
衿ぐり用
バイアス布（1枚）
69/70/71
1.5
2.5
前（1枚）
わ
1.5
105cm幅
＊数字は左からS、M、Lサイズ
＊指定以外の縫い代は1cm
縫い方順序
1
6
4
2
3
5
5

1. 肩を縫う

2. 袖をつける

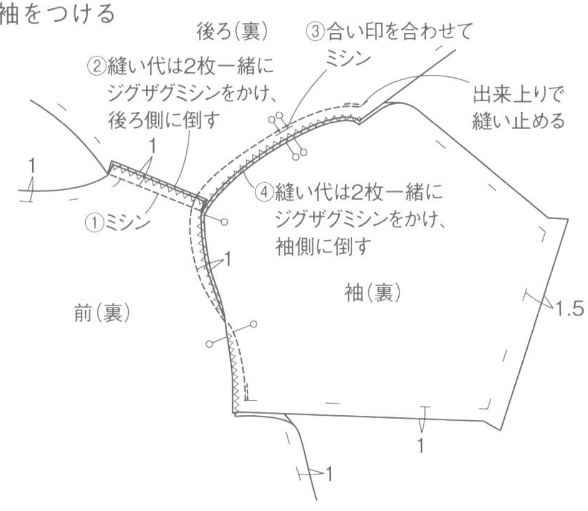
後ろ(裏)
③合い印を合わせて
ミシン
②縫い代は2枚一緒に
ジグザグミシンをかけ、
後ろ側に倒す
出来上りで
縫い止める
1
1
①ミシン
④縫い代は2枚一緒に
ジグザグミシンをかけ、
袖側に倒す
1
袖(裏)
前(裏)
1.5
1
1

3. 脇と袖下を続けて縫う

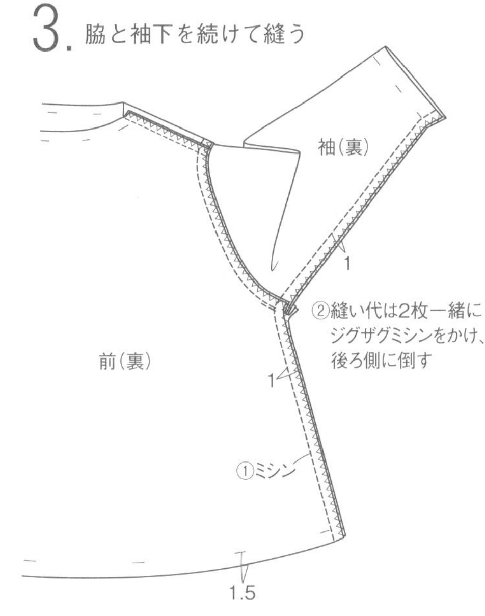
袖(裏)
1
②縫い代は2枚一緒に
ジグザグミシンをかけ、
後ろ側に倒す
前(裏)
1
①ミシン
1.5

4. 袖口を三つ折りにして縫う

5. 裾から後ろ端にかけて三つ折りにして縫う

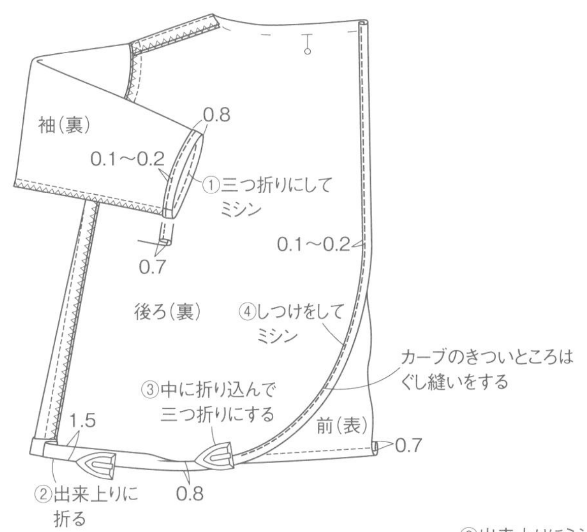
袖(裏)
0.8
0.1〜0.2
①三つ折りにして
ミシン
0.7
0.1〜0.2
後ろ(裏)
④しつけをして
ミシン
カーブのきついところは
ぐし縫いをする
③中に折り込んで
三つ折りにする
1.5
前(表)
0.7
②出来上りに
折る
0.8

6. 衿ぐりを共布バイアス布で始末する

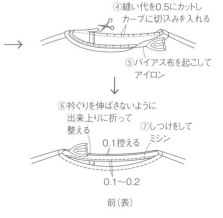

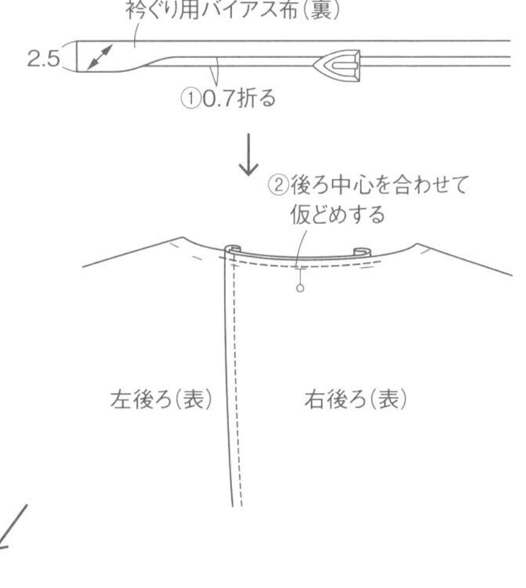
衿ぐり用バイアス布(裏)
2.5
①0.7折る
②後ろ中心を合わせて
仮どめする
左後ろ(表)
右後ろ(表)
③出来上りにミシン
1
バイアス布(裏)
0.7
1折って重ねる
余分はカットする
前(表)
④縫い代を0.5にカットし
カーブに切込みを入れる
⑤バイアス布を起こして
アイロン

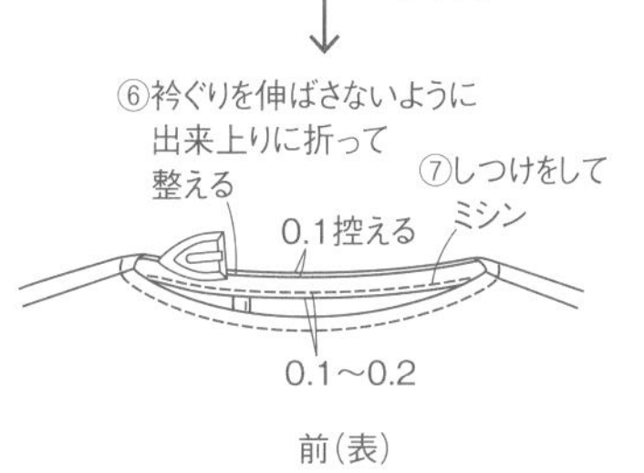
⑥衿ぐりを伸ばさないように
出来上りに折って
整える
⑦しつけをして
ミシン
0.1控える
0.1〜0.2
前(表)

N サイドボタンのプルオーバー

page29　実物大パターンC面

出来上り寸法	S	M	L
バスト：	170cm	174cm	179cm
着丈：	76.5cm	77.5cm	78.5cm

材料　　左からS／M／Lサイズ

表布：C&S海のブロード（ネイビーブルー）110cm幅 2m／2m／2.1m
接着芯（前後衿ぐり見返し、前後袖ぐり・脇見返し）：90cm幅 90cm
ボタン：直径1cm 6個

縫い方順序

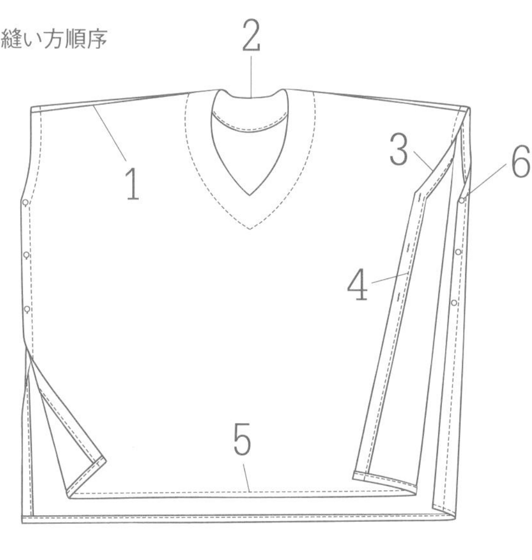

2
1
3
6
4
5

裁合せ図

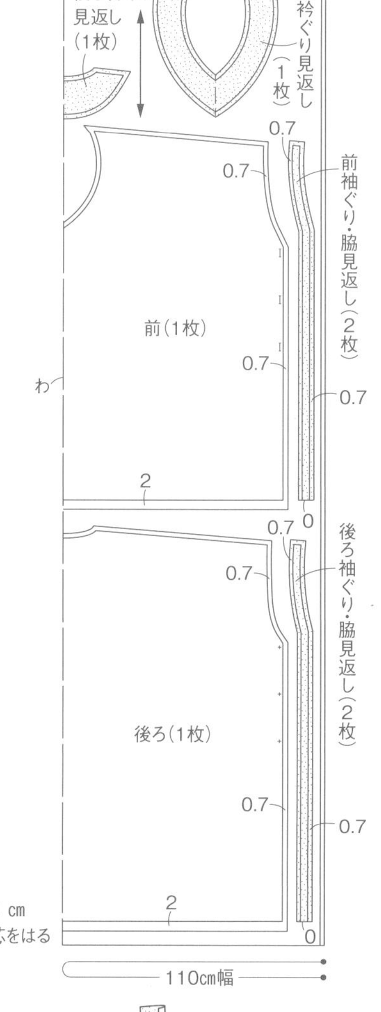

後ろ衿ぐり見返し（1枚）
前衿ぐり見返し（1枚）
0.7
前袖ぐり・脇見返し（2枚）
前（1枚）
わ
2
0
後ろ袖ぐり・脇見返し（2枚）
後ろ（1枚）
110cm幅

＊指定以外の縫い代は 1 cm
＊ 　 は裏に接着芯をはる

1. 身頃、衿ぐり見返し、袖ぐり見返しの肩をそれぞれ縫う

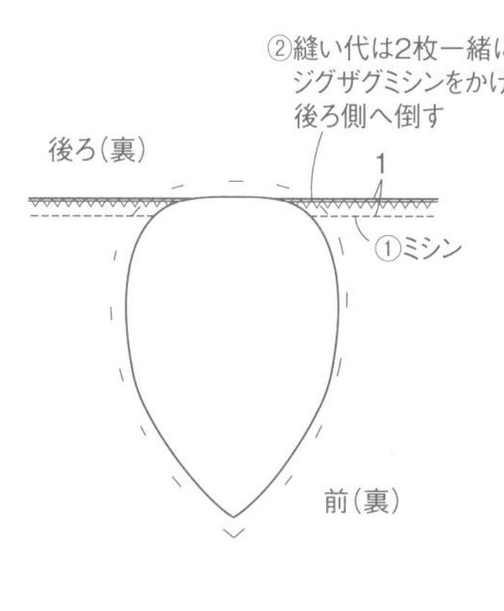

②縫い代は2枚一緒にジグザグミシンをかけ、後ろ側へ倒す
後ろ（裏）
1
①ミシン
前（裏）

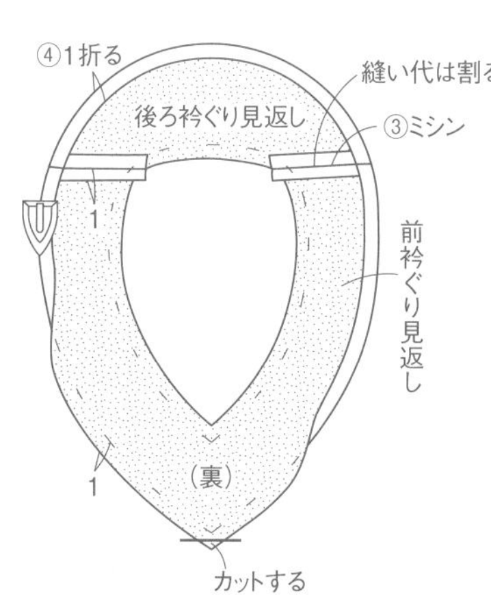

④1折る
縫い代は割る
後ろ衿ぐり見返し
③ミシン
1
前衿ぐり見返し
（裏）
カットする

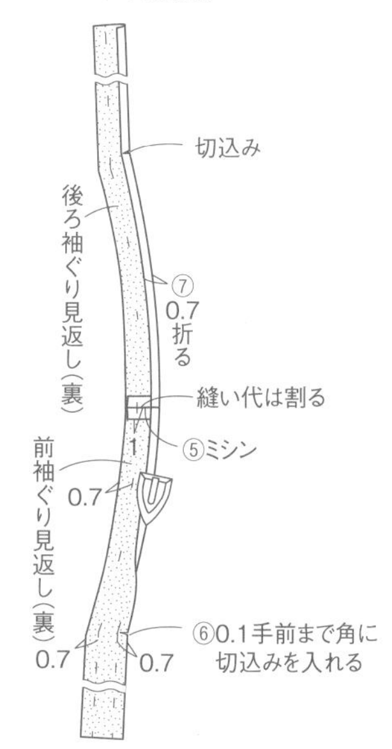

切込み
後ろ袖ぐり見返し（裏）
⑦0.7折る
縫い代は割る
⑤ミシン
1
前袖ぐり見返し（裏）
0.7
⑥0.1手前まで角に切込みを入れる

2. 身頃と衿ぐり見返しを中表に合わせて衿ぐりを縫う

3. 身頃と袖ぐり・脇見返しを中表に合わせて袖ぐりと脇を縫う

4. 袖ぐり見返しの奥をミシンでとめる

5. 裾を三つ折りにして縫う

6. ボタン穴を作り、ボタンをつける

→p.110参照

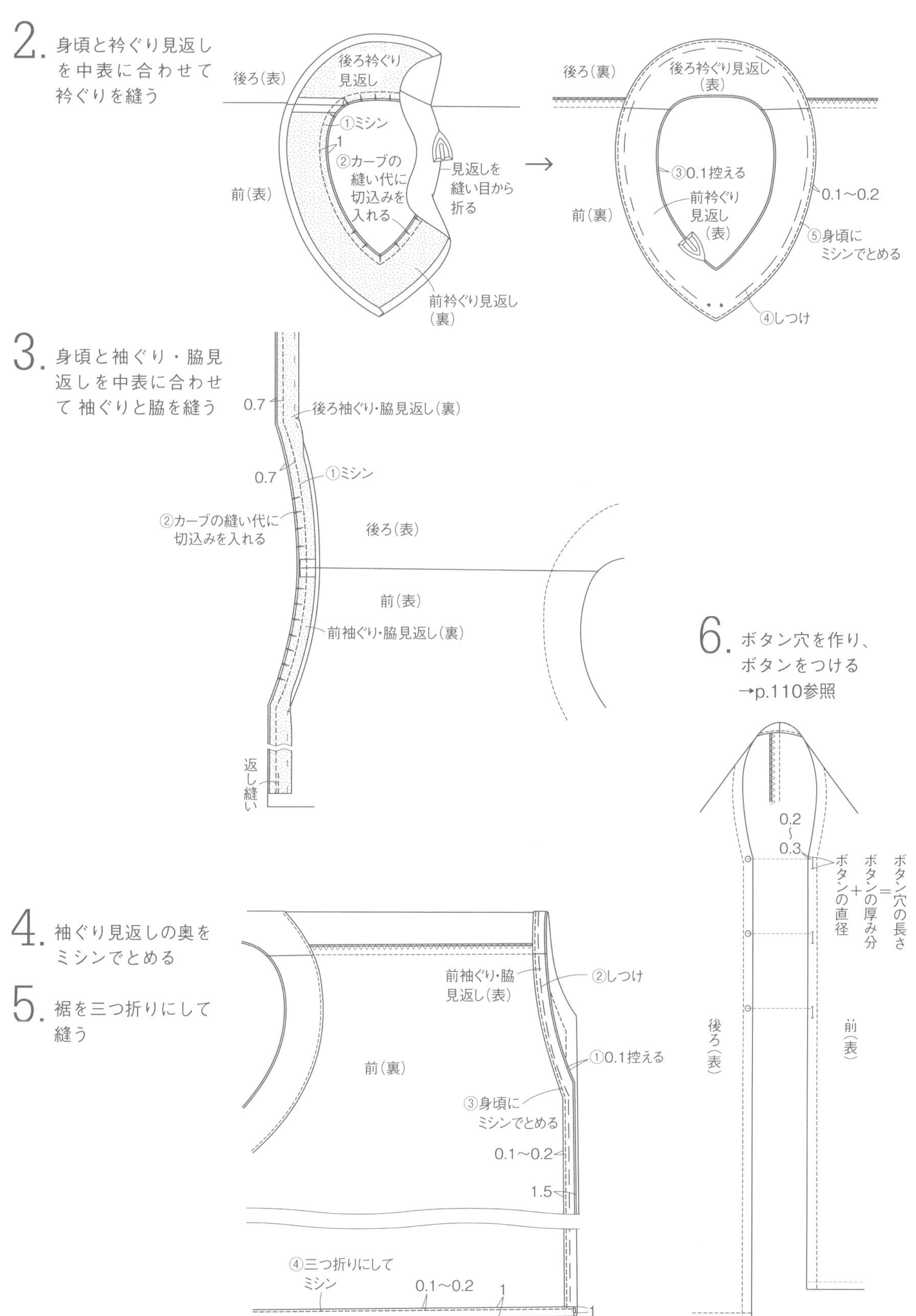
後ろ(表)
後ろ衿ぐり見返し
①ミシン
1
②カーブの縫い代に切込みを入れる
見返しを縫い目から折る
前(表)
前衿ぐり見返し(裏)
後ろ(裏)
後ろ衿ぐり見返し(表)
③0.1控える
前衿ぐり見返し(表)
0.1～0.2
前(裏)
⑤身頃にミシンでとめる
④しつけ
0.7
後ろ袖ぐり・脇見返し(裏)
0.7
①ミシン
②カーブの縫い代に切込みを入れる
後ろ(表)
前(表)
前袖ぐり・脇見返し(裏)
返し縫い
前袖ぐり・脇見返し(表)
②しつけ
前(裏)
①0.1控える
③身頃にミシンでとめる
0.1～0.2
1.5
④三つ折りにしてミシン
0.1～0.2
1
1
0.2～0.3
ボタン穴の長さ=ボタンの厚み分+ボタンの直径
後ろ(表)
前(表)

O スクエアネックのギャザーブラウス

page30 実物大パターンD面

出来上り寸法	S	M	L
バスト：	127cm	131cm	136cm
着丈：	72.5cm	74.5cm	76.5cm
袖丈：	28cm	29cm	30cm

材料　左からS／M／Lサイズ

表布：C&S my favorite cotton（グレージュ）105cm幅 2.6m／2.7m／2.7m
接着芯（前後衿ぐり見返し）：90cm幅 10cm

裁合せ図

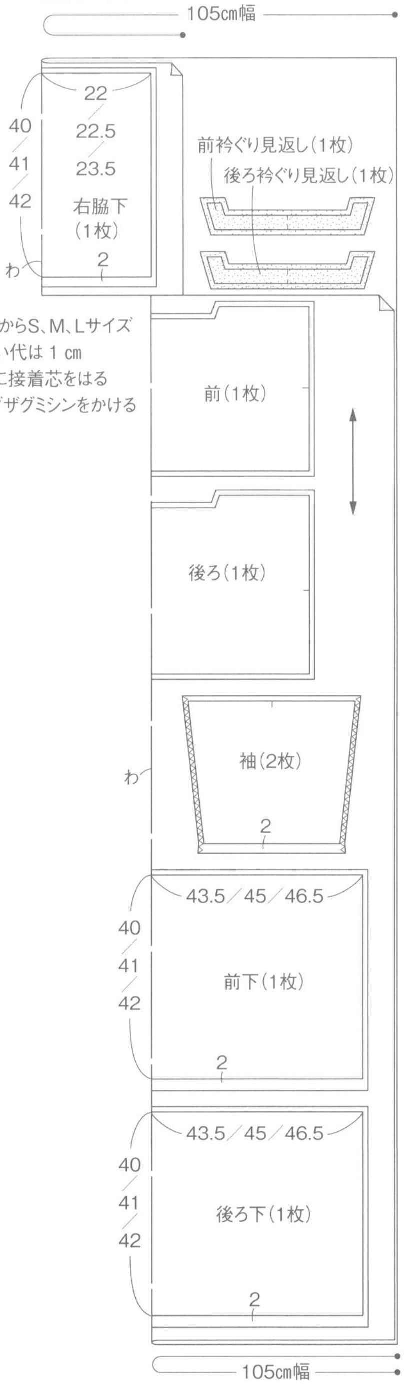

105cm幅

22／22.5／23.5
40／41／42
右脇下（1枚）
わ
2

前衿ぐり見返し（1枚）
後ろ衿ぐり見返し（1枚）

＊数字は左（上）からS、M、Lサイズ
＊指定以外の縫い代は1cm
＊　は裏に接着芯をはる
＊　はジグザグミシンをかける

前（1枚）
後ろ（1枚）
わ
袖（2枚）
2

43.5／45／46.5
40／41／42
前下（1枚）
2

43.5／45／46.5
40／41／42
後ろ下（1枚）
2

105cm幅

縫い方順序

1 2 4 5 3 9 6 7 7 8

7

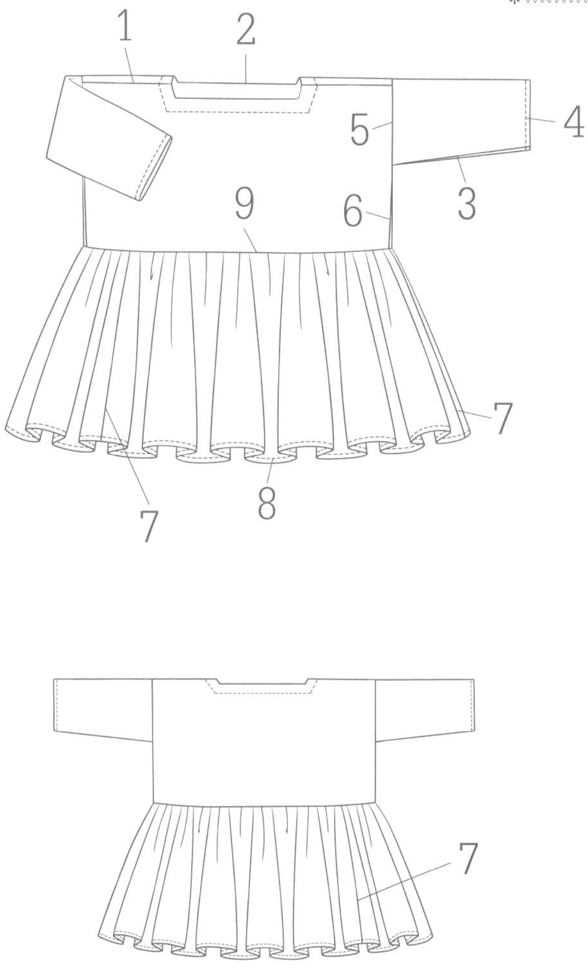

1. 身頃と衿ぐり見返しの肩をそれぞれ縫う

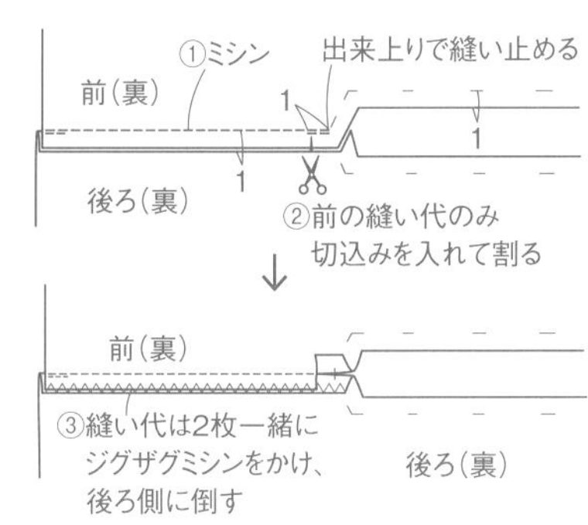
①ミシン
出来上りで縫い止める
前(裏)
1
1
1
後ろ(裏)
②前の縫い代のみ
切込みを入れて割る
前(裏)
③縫い代は2枚一緒に
ジグザグミシンをかけ、
後ろ側に倒す
後ろ(裏)

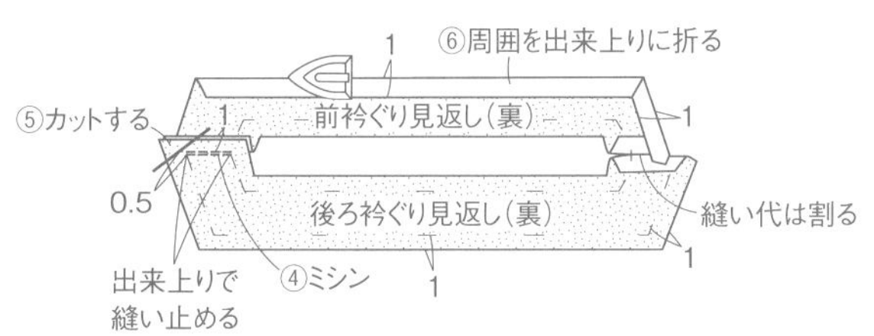
1
⑥周囲を出来上りに折る
⑤カットする
前衿ぐり見返し(裏)
1
0.5
後ろ衿ぐり見返し(裏)
縫い代は割る
出来上りで
縫い止める
④ミシン
1
1

2. 身頃と衿ぐり見返しを中表に合わせて衿ぐりを縫う

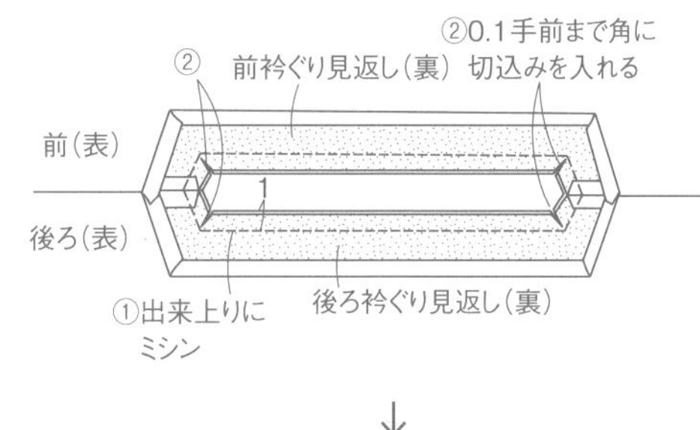
②0.1手前まで角に
切込みを入れる
②
前衿ぐり見返し(裏)
前(表)
1
後ろ(表)
①出来上りに
ミシン
後ろ衿ぐり見返し(裏)

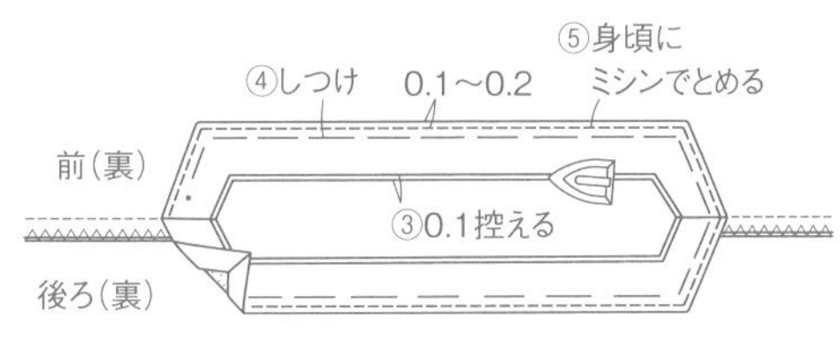
⑤身頃に
ミシンでとめる
④しつけ
0.1〜0.2
前(裏)
③0.1控える
後ろ(裏)

3. 袖下を縫う

4. 袖口を三つ折りにして縫う

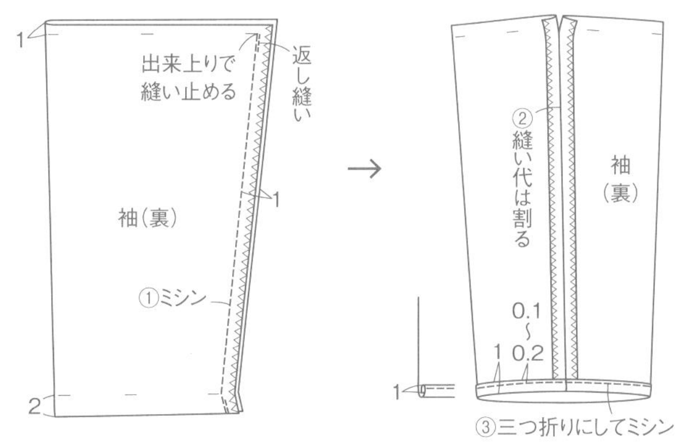
1
出来上りで
縫い止める
返し縫い
1
袖(裏)
①ミシン
2
②縫い代は割る
袖(裏)
0.1〜0.2
1
1
③三つ折りにしてミシン

5. 袖をつける → p.66参照

6. 脇を縫う → p.66参照

7. 前下、後ろ下、右脇下を縫い合わせる

8. 裾を三つ折りにして縫う。上側にギャザーを寄せる

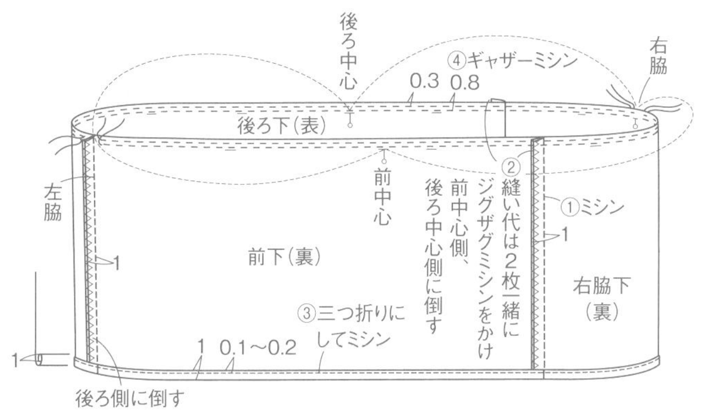
後ろ中心
④ギャザーミシン
右脇
0.3
0.8
後ろ下(表)
左脇
前中心
②縫い代は2枚一緒にジグザグミシンをかけ
前中心側、後ろ中心側に倒す
①ミシン
1
1
前下(裏)
右脇下
(裏)
③三つ折りに
してミシン
1
0.1〜0.2
1
後ろ側に倒す

9. 上下の身頃を縫い合わせる

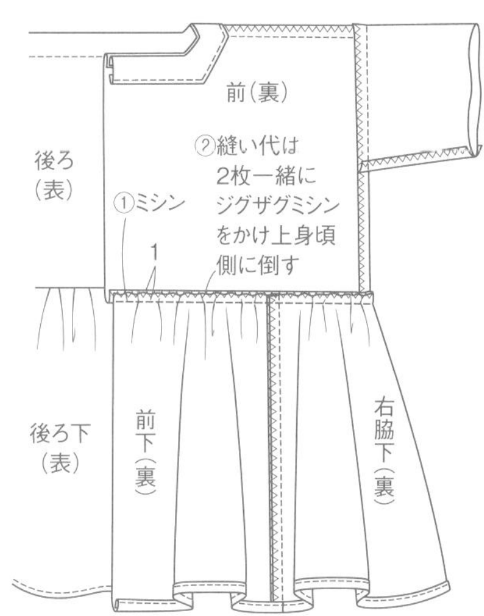
前(裏)
後ろ
(表)
②縫い代は
2枚一緒に
ジグザグミシン
をかけ上身頃
側に倒す
①ミシン
1
後ろ下
(表)
前下(裏)
右脇下(裏)

P シンプルAラインワンピース

page31 実物大パターンC面

出来上り寸法	S	M	L
バスト：	116cm	120cm	125cm
着丈：	113cm	115cm	117cm
袖丈：	31cm	32cm	33cm

材料　左からS／M／Lサイズ

表布：リバティプリント Makindra（CE ブルー系）108cm幅 3.1m／3.1m／3.2m
接着芯（前後衿ぐり見返し）：90cm幅 30cm
接着テープ（前ポケット口）：1.5cm幅 40cm
ボタン：直径1cm 1個

縫い方順序

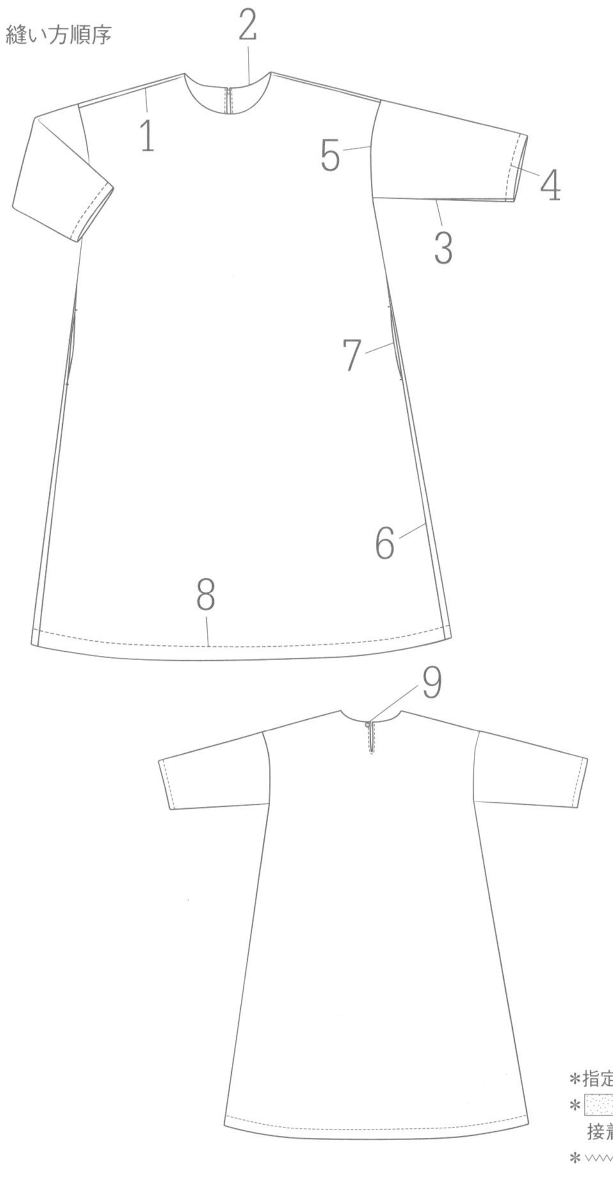

1
2
3
4
5
6
7
8
9

裁合せ図

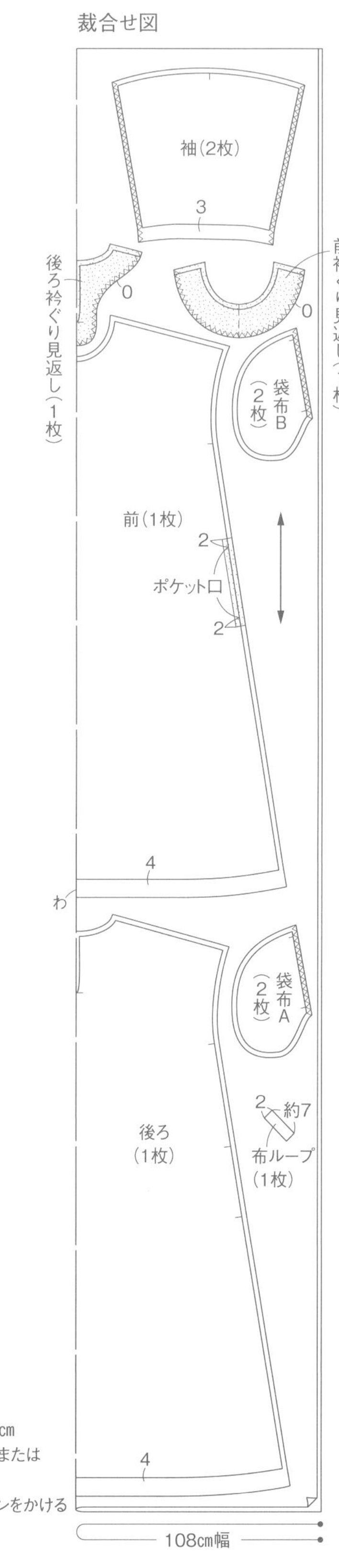

袖（2枚）
3
後ろ衿ぐり見返し（1枚）
0
前衿ぐり見返し（1枚）
0
袋布B（2枚）
前（1枚）
2
ポケット口
2
4
わ
袋布A（2枚）
後ろ（1枚）
2
約7
布ループ（1枚）
4
108cm幅

＊指定以外の縫い代は 1 cm
＊［点描部分］は裏に接着芯または接着テープをはる
＊〰〰 はジグザグミシンをかける

1. 身頃と衿ぐり見返しの肩をそれぞれ縫う → p.90参照

2. 布ループ（→ p.110参照）を仮どめし、身頃と衿ぐり見返しを中表に合わせて衿ぐりとスラッシュあきを縫う

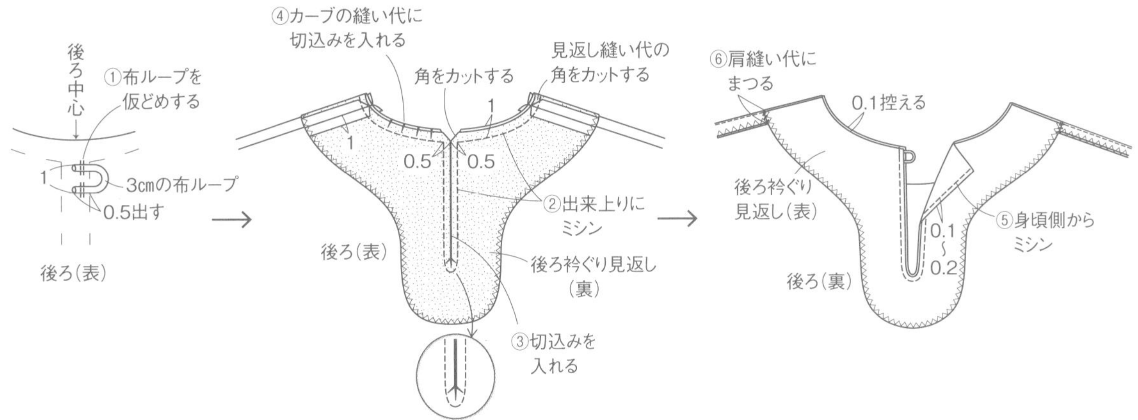
後ろ中心
①布ループを
仮どめする
1
3㎝の布ループ
0.5出す
後ろ（表）
④カーブの縫い代に
切込みを入れる
角をカットする
見返し縫い代の
角をカットする
1
1
0.5
0.5
②出来上りに
ミシン
後ろ（表）
後ろ衿ぐり見返し
（裏）
③切込みを
入れる
⑥肩縫い代に
まつる
0.1控える
後ろ衿ぐり
見返し（表）
0.1
～
0.2
⑤身頃側から
ミシン
後ろ（裏）

3. 袖下を縫う

4. 袖口を三つ折りにして縫う

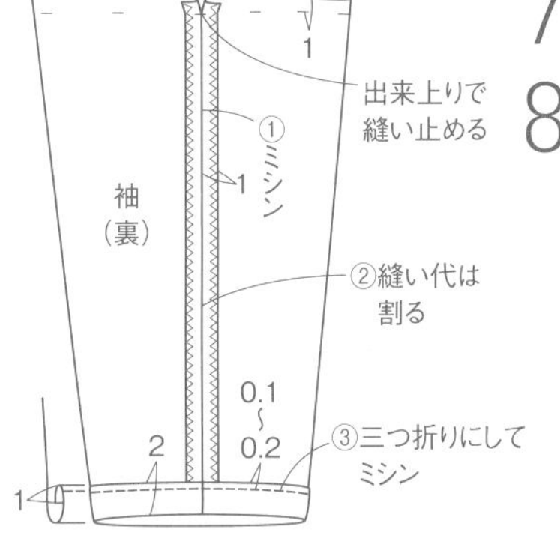
1
出来上りで
縫い止める
①ミシン
袖
（裏）
1
②縫い代は
割る
0.1
～
0.2
2
③三つ折りにして
ミシン
1

5. 袖をつける → p.66参照

6. ポケット口を残して脇を縫う → p78、p.108ポケットA参照

7. ポケットを作る → p.108ポケットA参照

8. 裾を三つ折りにして縫う

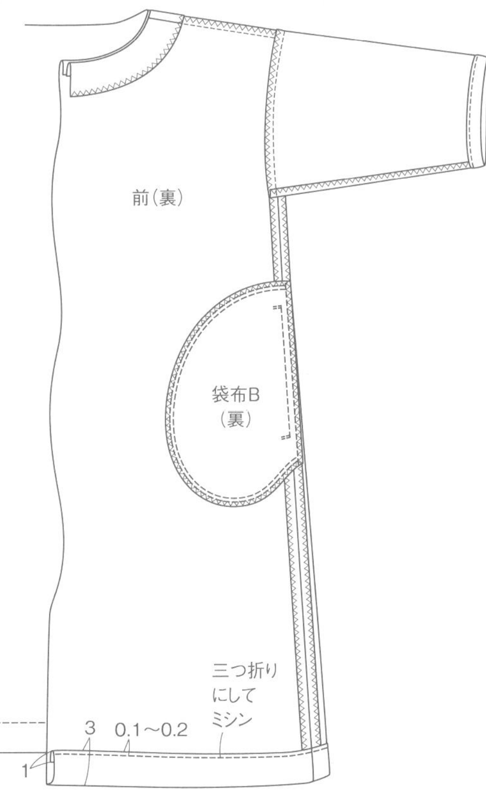
前（裏）
袋布B
（裏）
三つ折り
にして
ミシン
3
0.1～0.2
1

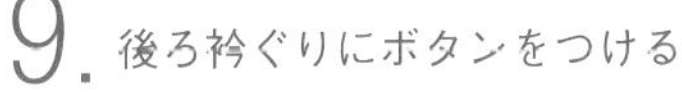

9. 後ろ衿ぐりにボタンをつける

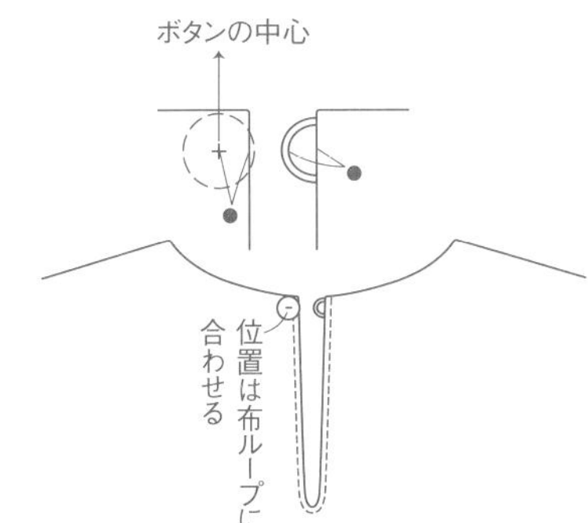
ボタンの中心
位置は布ループに
合わせる

Q ティーバッグバッグ

page31 実物大パターンB面

出来上り寸法 ワンサイズ

1辺17㎝の三角すい

材料 ワンサイズ

袋布：リネン（ホワイト）横90×縦25㎝
飾り布：リバティプリント Strawberry Thief Spring（AE ブルー系）横9×縦5.5㎝
ひも：75㎝

裁合せ図

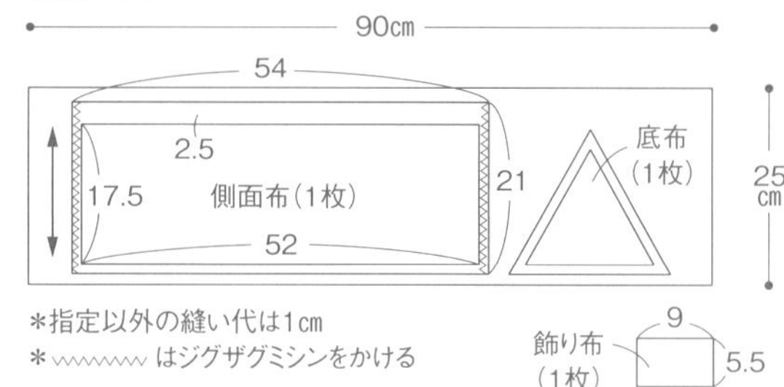

90㎝
54
2.5
17.5
側面布（1枚）
21
52
底布
（1枚）
25㎝
＊指定以外の縫い代は1㎝
＊ はジグザグミシンをかける
9
飾り布
（1枚）
5.5

縫い方順序

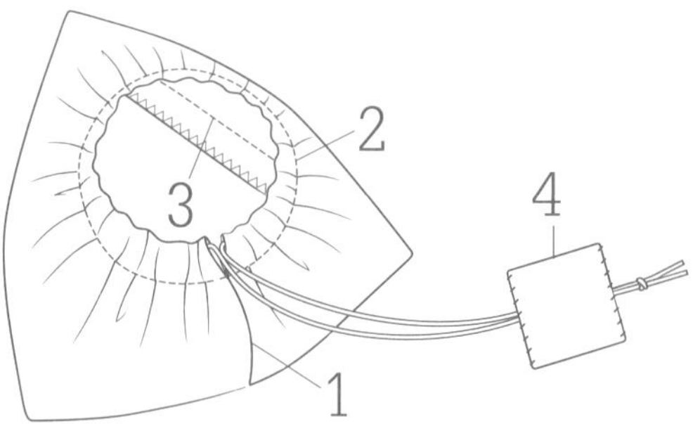

1
2
3
4

1. 側面布を縫止りまで輪に縫う

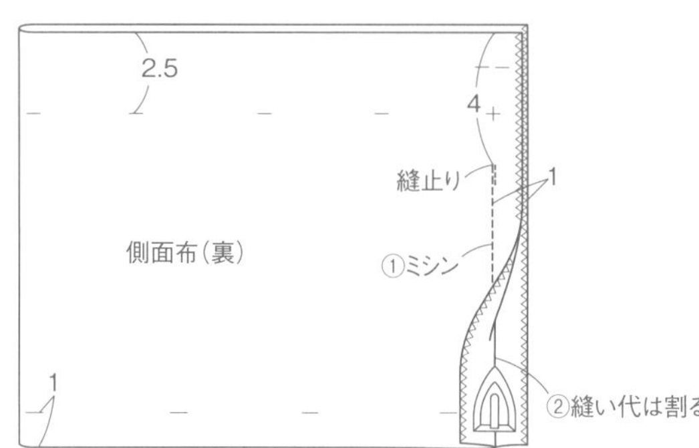

2.5
4
縫止り
1
側面布（裏）
①ミシン
1
②縫い代は割る

2. ひも通し口を三つ折りにして縫う

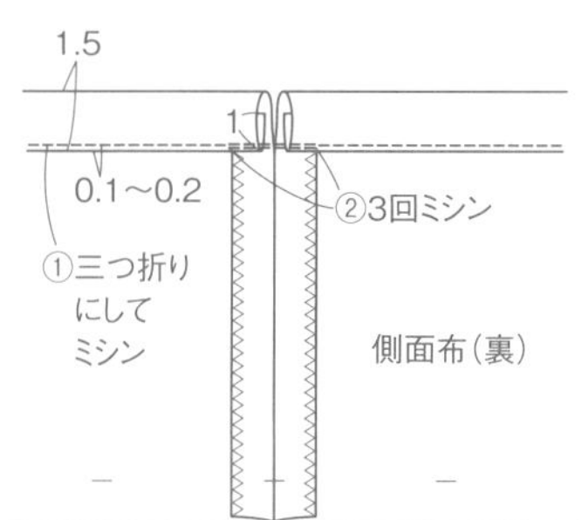

1.5
1
0.1～0.2
②3回ミシン
①三つ折り
にして
ミシン
側面布（裏）

3. 側面布と底布を中表に合わせて縫う

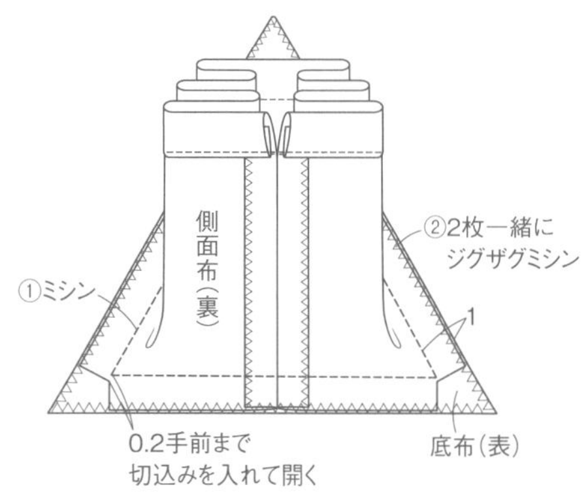

側面布（裏）
②2枚一緒に
ジグザグミシン
①ミシン
1
0.2手前まで
切込みを入れて開く
底布（表）

4. ひもを通し、ひもに飾り布をつける

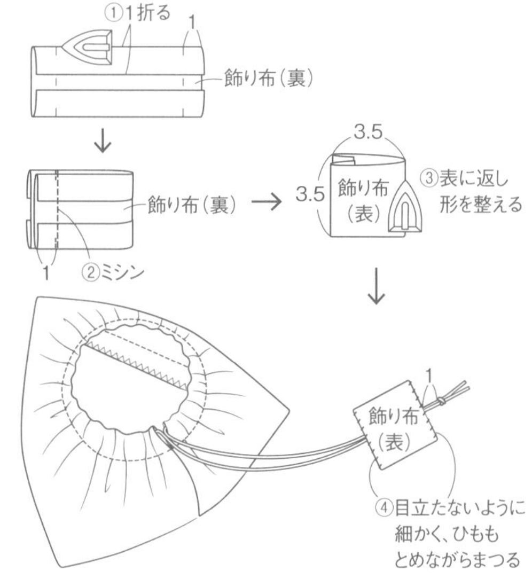

①1折る
1
飾り布（裏）
飾り布（裏）
1
②ミシン
3.5
3.5
飾り布
（表）
③表に返し
形を整える
1
飾り布
（表）
④目立たないように
細かく、ひもも
とめながらまつる

フラワーマーケットバッグ

page35 実物大パターンなし

出来上り寸法　ワンサイズ

幅49×高さ39×奥行き14cm

材料　ワンサイズ

表布：リバティプリント コーティング Glencot House（◎J19A ペールトーン）105cm幅 95cm

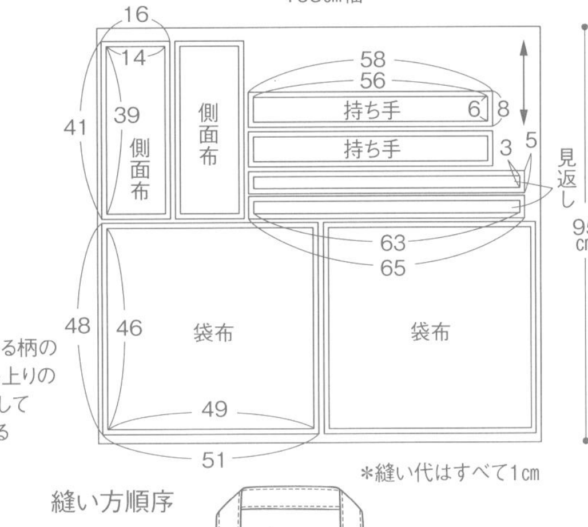

裁合せ図
105cm幅
16
14
41
39
側面布
側面布
58
56
持ち手
6
8
持ち手
3
5
見返し
63
65
95cm
48
46
袋布
袋布
49
51
*方向性のある柄の場合は出来上りの向きに注意してはぎ合わせる
*縫い代はすべて1cm

1. 持ち手を作る

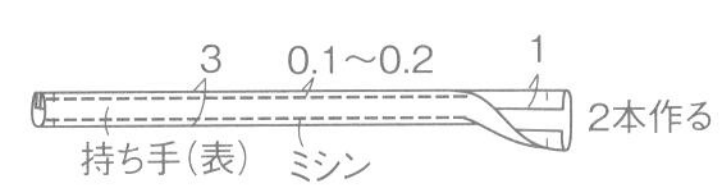

3
0.1～0.2
1
2本作る
持ち手（表）
ミシン

縫い方順序

2. 袋布の底を縫う

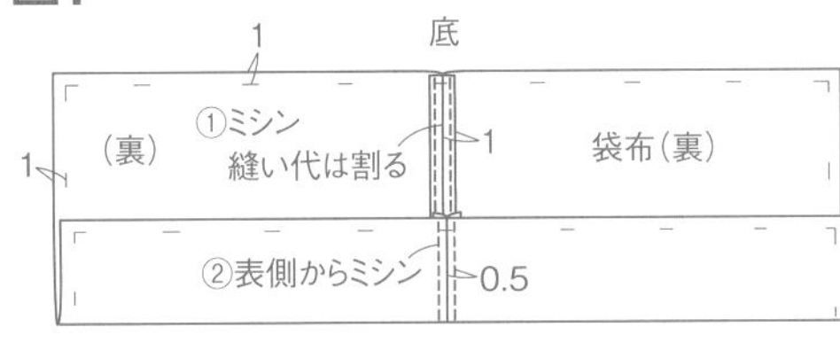

1
底
①ミシン
縫い代は割る
1
（裏）
袋布（裏）
②表側からミシン
0.5

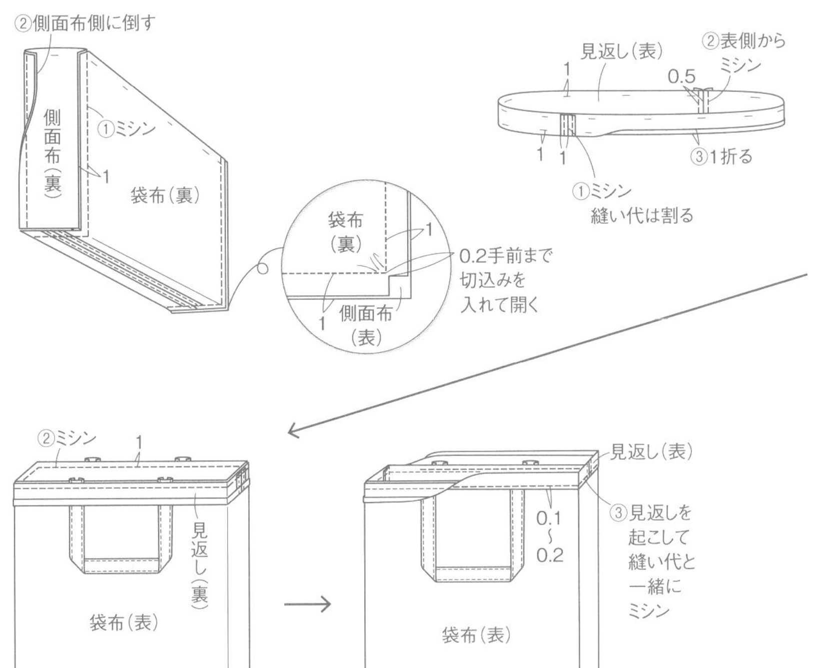

1
5
4
6
3
2

3. 袋布と側面布を中表に合わせて縫う

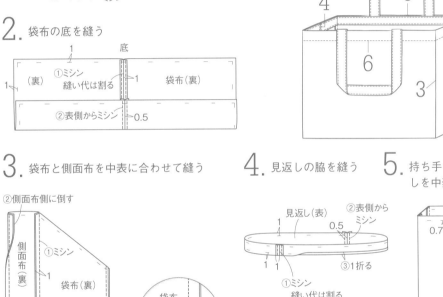

②側面布側に倒す

側面布（裏）

①ミシン

1

袋布（裏）

袋布（裏）

0.2手前まで切込みを入れて開く

側面布（表）

4. 見返しの脇を縫う

見返し（表）

②表側からミシン

0.5

1

③1折る

①ミシン

縫い代は割る

5. 持ち手を仮どめし、袋布と見返しを中表に合わせて袋口を縫う

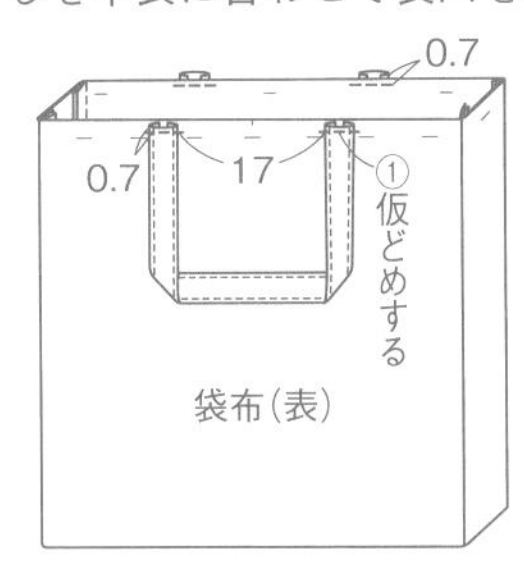

0.7
0.7
17
①仮どめする
袋布（表）

②ミシン

1

見返し（裏）

袋布（表）

見返し（表）

0.1～0.2

③見返しを起こして縫い代と一緒にミシン

袋布（表）

6. 見返しの奥を袋布にミシンでとめる

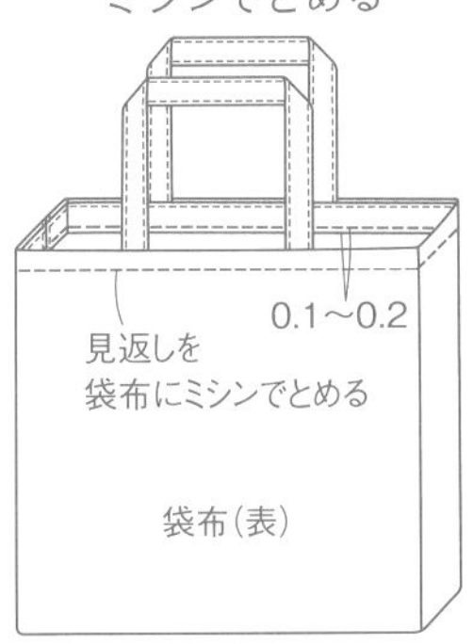

0.1～0.2
見返しを袋布にミシンでとめる
袋布（表）

R フローリストエプロン

page32,34 実物大パターンD面

出来上り寸法　　ワンサイズ

着丈(肩ひも除く):103cm

材料　　ワンサイズ

表布:p.32 C&S sunny days stripe(ブルー×ホワイト太) 110cm幅 2.8m
p.34 C&S洗いざらしのハーフリネンダンガリーブロックチェック(グリーンアップル) 110cm幅 2.8m
接着芯(見返し):40×15cm
リボン:1.5cm幅 2.5m

縫い方順序

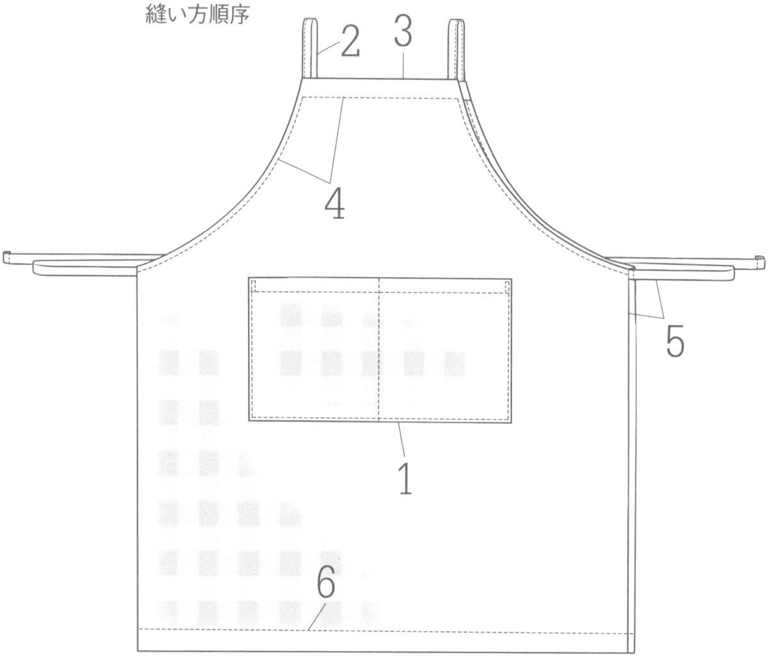

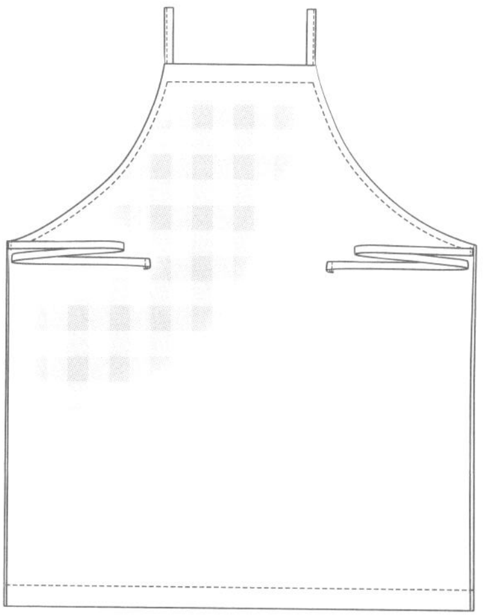

裁合せ図

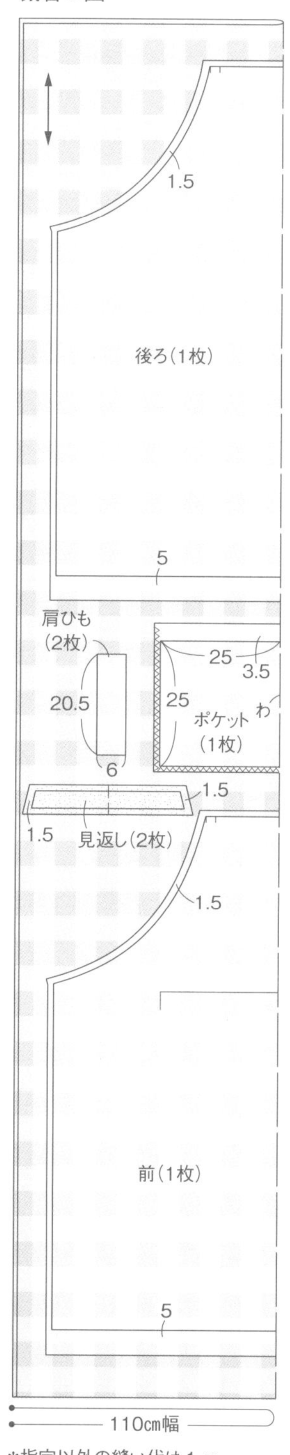

1.5
後ろ(1枚)
5
肩ひも
(2枚)
25
3.5
20.5
25
ポケット
(1枚)
わ
6
1.5
1.5
見返し(2枚)
1.5
前(1枚)
5
110cm幅

*指定以外の縫い代は 1 cm
* [dotted area] は接着芯をはる
* [zigzag line] はジグザグミシンをかける

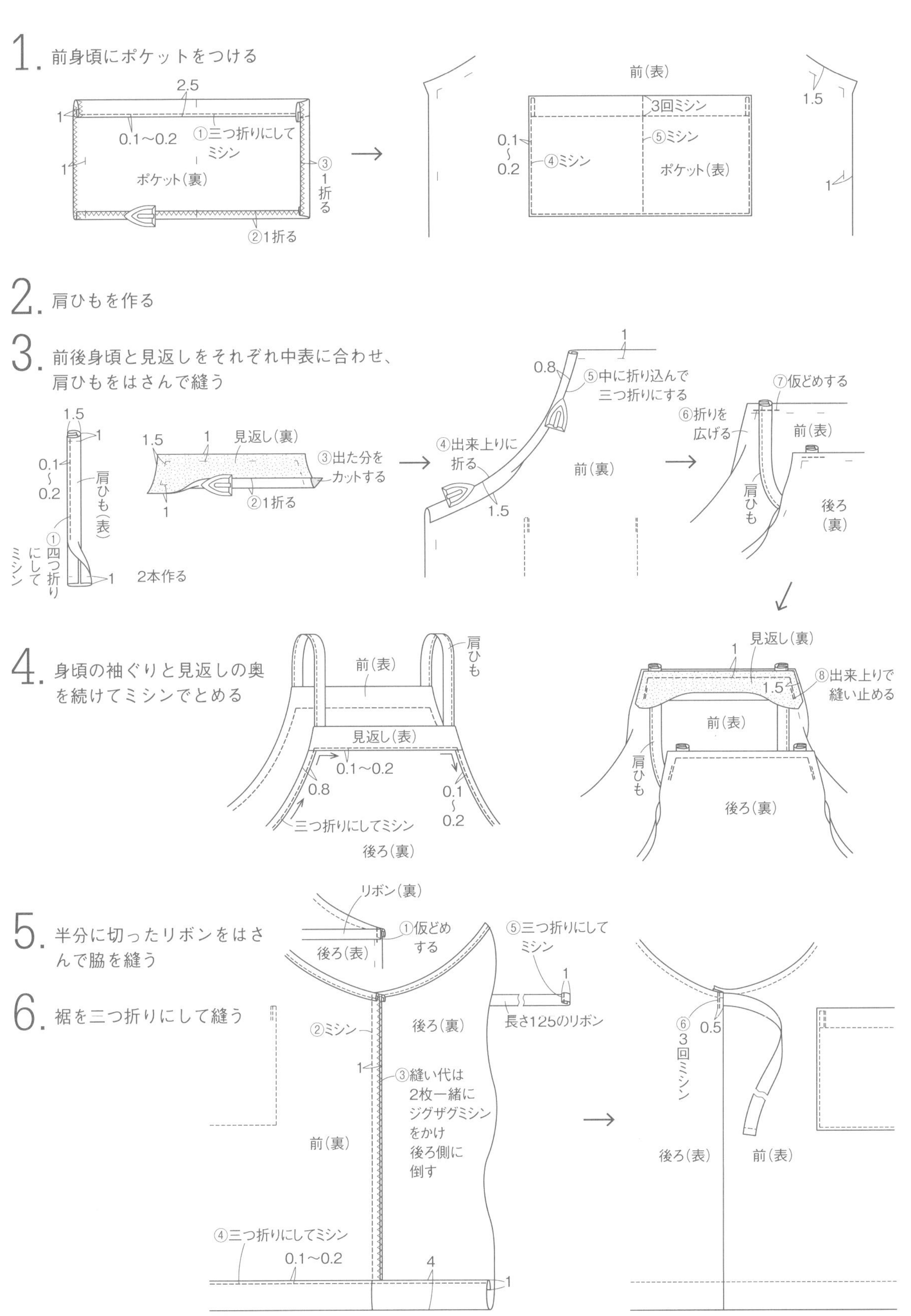
1. 前身頃にポケットをつける
2.5
1
0.1〜0.2
①三つ折りにしてミシン
1
ポケット(裏)
③1折る
②1折る
前(表)
3回ミシン
0.1〜0.2
④ミシン
⑤ミシン
ポケット(表)
1.5
1
2. 肩ひもを作る
3. 前後身頃と見返しをそれぞれ中表に合わせ、肩ひもをはさんで縫う
1.5
1
0.1〜0.2
肩ひも(表)
①四つ折りにしてミシン
1
2本作る
1.5
1
見返し(裏)
③出た分をカットする
②1折る
1
1
0.8
⑤中に折り込んで三つ折りにする
④出来上りに折る
1.5
前(裏)
⑦仮どめする
⑥折りを広げる
前(表)
肩ひも
後ろ(裏)
4. 身頃の袖ぐりと見返しの奥を続けてミシンでとめる
前(表)
肩ひも
見返し(表)
0.1〜0.2
0.8
0.1〜0.2
三つ折りにしてミシン
後ろ(裏)
見返し(裏)
1
1.5
⑧出来上りで縫い止める
前(表)
肩ひも
後ろ(裏)
5. 半分に切ったリボンをはさんで脇を縫う
6. 裾を三つ折りにして縫う
リボン(裏)
①仮どめする
後ろ(表)
⑤三つ折りにしてミシン
1
長さ125のリボン
②ミシン
後ろ(裏)
1
③縫い代は2枚一緒にジグザグミシンをかけ後ろ側に倒す
前(裏)
④三つ折りにしてミシン
0.1〜0.2
4
1
⑥3回ミシン
0.5
後ろ(表)
前(表)

U バルーンスリーブのワンピース

page35,37,51 実物大パターンC面

出来上り寸法	S	M	L
バスト：	133cm	137cm	142cm
着丈：	116cm	118cm	120cm
袖丈：	35.5cm	36.5cm	37.5cm

p.35、37のモデル（身長167cm）はMサイズで着丈＋5cmのものを着用しています

材料　左からS／M／Lサイズ

表布：p.35 C&S洗いざらしのハーフリネンダンガリーブロックチェック 小（イングリッシュハーブグリーン） 110cm幅 3.4m／3.4m／3.5m
p.37 C&SナチュラルコットンHOLIDAY（グレイッシュピンク） 110cm幅 3.4m／3.4m／3.5m
p.51 C&S my favorite cotton（ブラック） 105cm幅 3.4m／3.4m／3.5m
接着芯（前後衿ぐり見返し）：90cm幅 20cm
接着テープ（前ポケット口）：1.5cm幅 40cm
ゴムテープ：2cm幅 53cm／54cm／56cm

縫い方順序

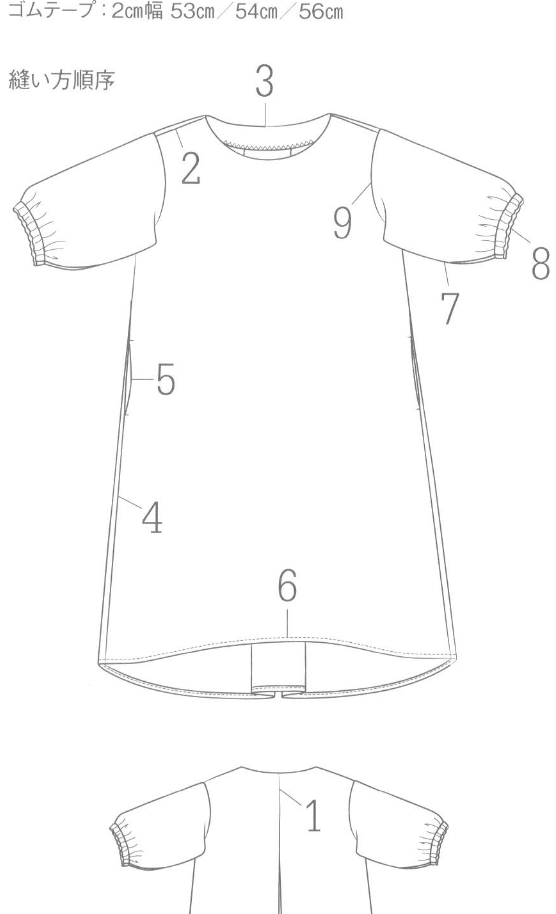

3
2
9
8
7
5
4
6
1

裁合せ図

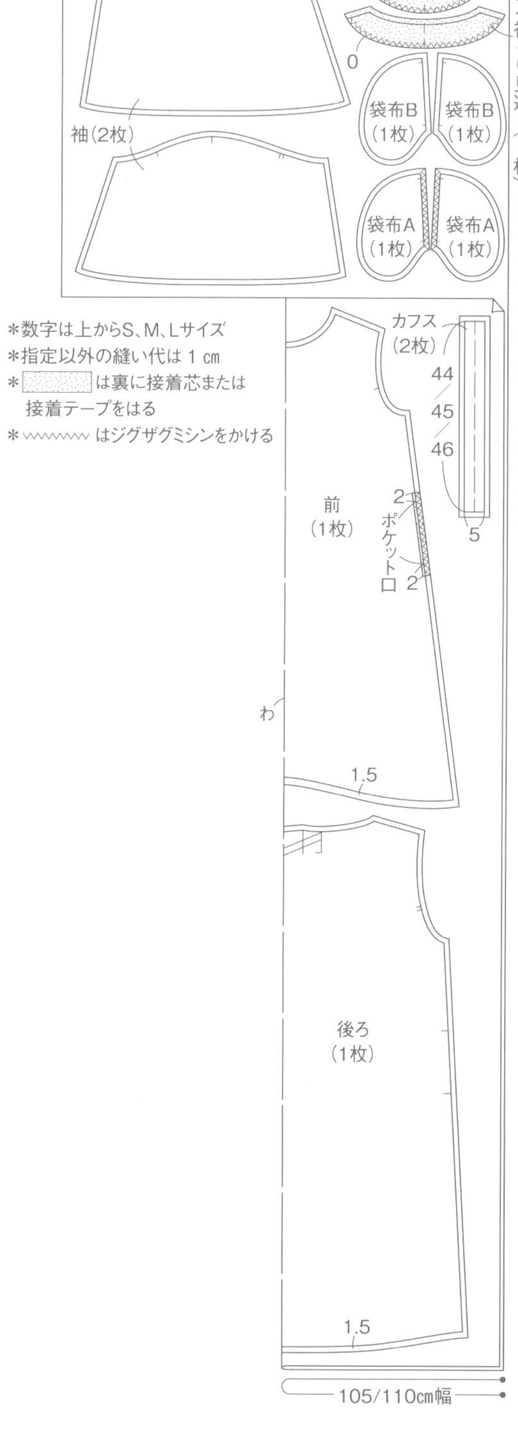

105/110cm幅
前衿ぐり見返し（1枚）
0
後ろ衿ぐり見返し（1枚）
0
袋布B（1枚）
袋布B（1枚）
袖（2枚）
袋布A（1枚）
袋布A（1枚）
カフス（2枚）
44
45
46
5
前（1枚）
2
ポケット口
2
わ
1.5
後ろ（1枚）
1.5
105/110cm幅

＊数字は上からS、M、Lサイズ
＊指定以外の縫い代は１cm
＊（網掛け）は裏に接着芯または接着テープをはる
＊（ジグザグ線）はジグザグミシンをかける

1. 後ろ中心のタックを縫止りまで縫ってたたむ

2. 身頃と衿ぐり見返しの肩をそれぞれ縫う

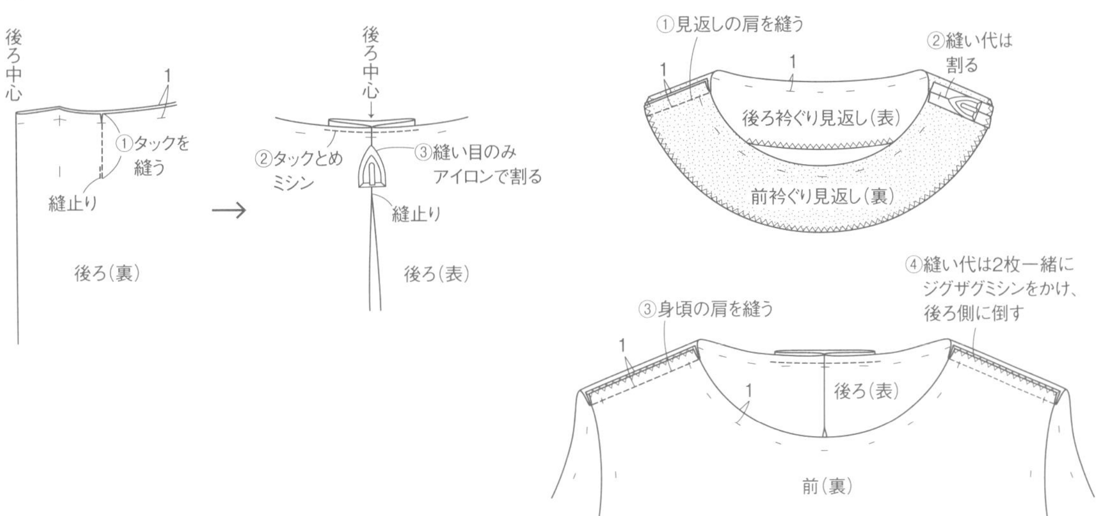
後ろ中心
1
①タックを縫う
縫止り
後ろ(裏)
後ろ中心
②タックとめミシン
③縫い目のみアイロンで割る
縫止り
後ろ(表)
①見返しの肩を縫う
②縫い代は割る
後ろ衿ぐり見返し(表)
前衿ぐり見返し(裏)
③身頃の肩を縫う
④縫い代は2枚一緒にジグザグミシンをかけ、後ろ側に倒す
後ろ(表)
前(裏)

3. 身頃と衿ぐり見返しを中表に合わせて衿ぐりを縫う

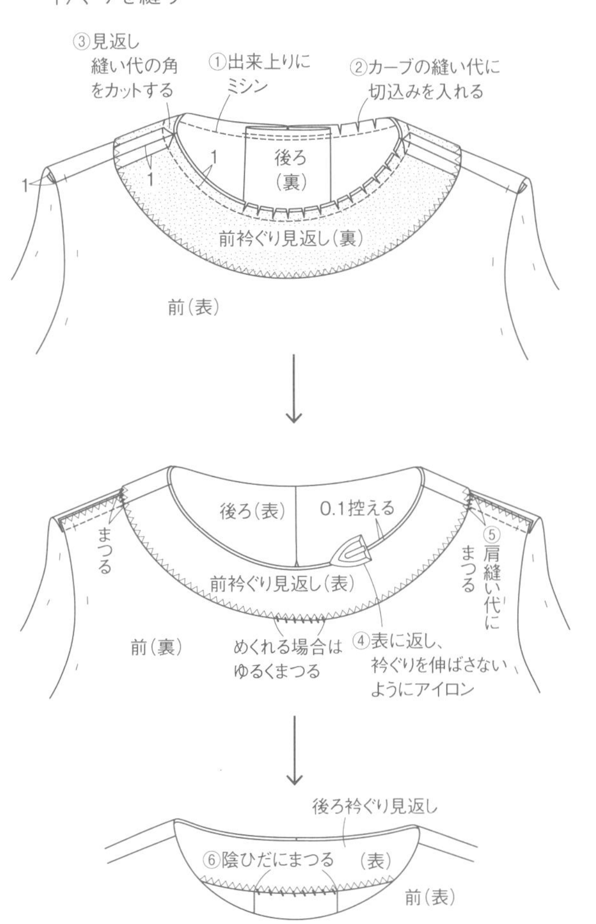
③見返し縫い代の角をカットする
①出来上りにミシン
②カーブの縫い代に切込みを入れる
後ろ(裏)
前衿ぐり見返し(裏)
前(表)
後ろ(表)
0.1控える
まつる
⑤肩縫い代にまつる
前衿ぐり見返し(表)
前(裏)
めくれる場合はゆるくまつる
④表に返し、衿ぐりを伸ばさないようにアイロン
後ろ衿ぐり見返し
⑥陰ひだにまつる
(表)
前(表)

4. ポケット口を残して脇を縫う

→ p.109ポケットB参照

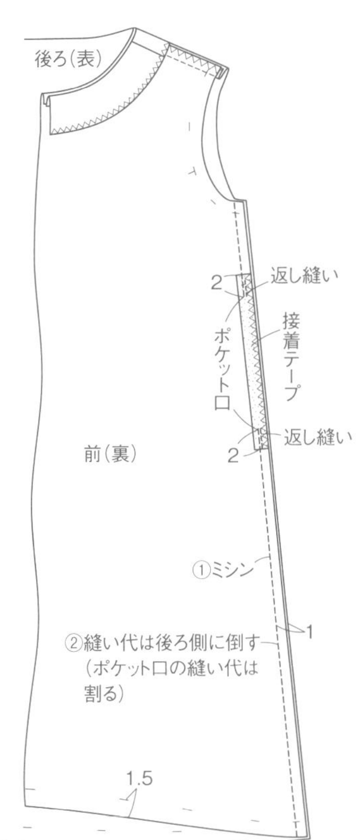
後ろ(表)
返し縫い
接着テープ
ポケット口
返し縫い
前(裏)
①ミシン
②縫い代は後ろ側に倒す(ポケット口の縫い代は割る)
1.5

5. ポケットを作る → p.109ポケットB参照

6. 裾を三つ折りにして縫う

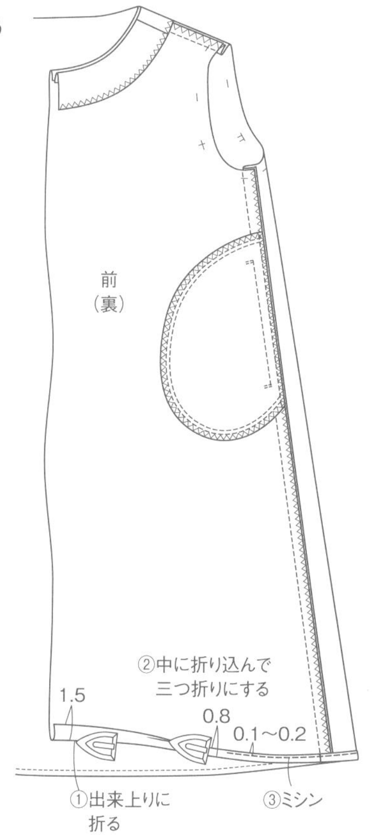

前
(裏)
②中に折り込んで
三つ折りにする
1.5
0.8
0.1〜0.2
①出来上りに
折る
③ミシン

7. 袖下を縫い、袖口にギャザーを寄せる

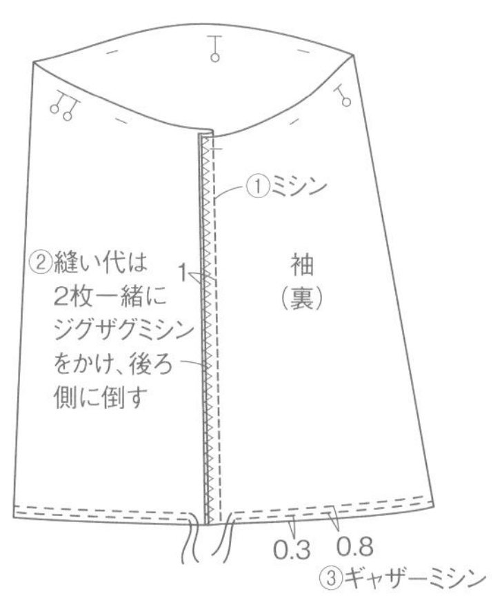

①ミシン
②縫い代は
2枚一緒に
ジグザグミシン
をかけ、後ろ
側に倒す
1
袖
(裏)
0.3
0.8
③ギャザーミシン

8. 袖口にカフスをつけ、ゴムテープを通す

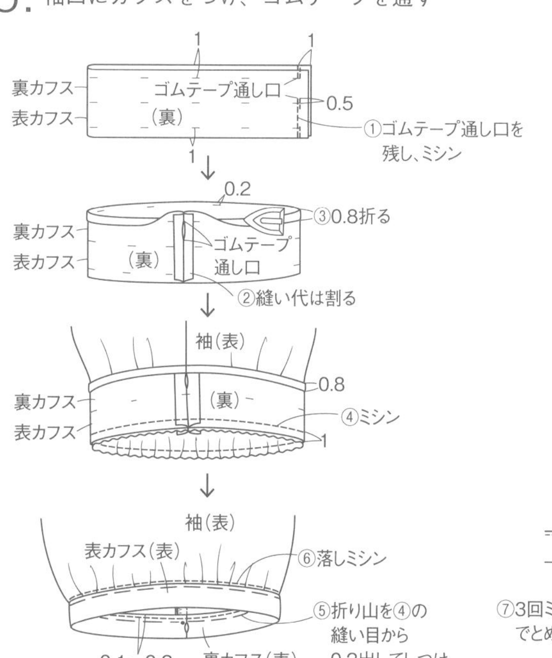

1
1
裏カフス
表カフス
ゴムテープ通し口
(裏)
0.5
①ゴムテープ通し口を
残し、ミシン
1
0.2
③0.8折る
裏カフス
表カフス
(裏)
ゴムテープ
通し口
②縫い代は割る
袖(表)
0.8
裏カフス
(裏)
④ミシン
表カフス
1
袖(表)
表カフス(表)
⑥落しミシン
⑤折り山を④の
縫い目から
0.2出してしつけ
0.1〜0.2
裏カフス(表)

⑥ゴムテープ通し口から
ゴムテープを通す

⑦3回ミシン
でとめる

2重ねる

S＝26.5cm
M＝27cm
L＝28cm

9. 袖をつける

③縫い代は2枚一緒に
ジグザグミシンをかけ、
袖側に倒す

①身頃と袖の
合い印を合わせて
ミシン

1

袖
(裏)

前(裏)

8

②2重にミシン

後ろ(裏)

バルーンスリーブのブラウス

page38 実物大パターンC面

出来上り寸法	S	M	L
バスト：	133cm	137cm	142cm
着丈：	61cm	62cm	63cm
袖丈：	35.5cm	36.5cm	37.5cm

材料　左からS／M／Lサイズ

表布：C&Sカモミールスカラップ（マッシュルームにイエロー）
105cm幅（刺繍有効幅100cm）2.2m／2.2m／2.3m
接着芯（前後衿ぐり見返し）：90cm幅 20cm
ゴムテープ：2cm幅 53cm／54cm／56cm

裁合せ図

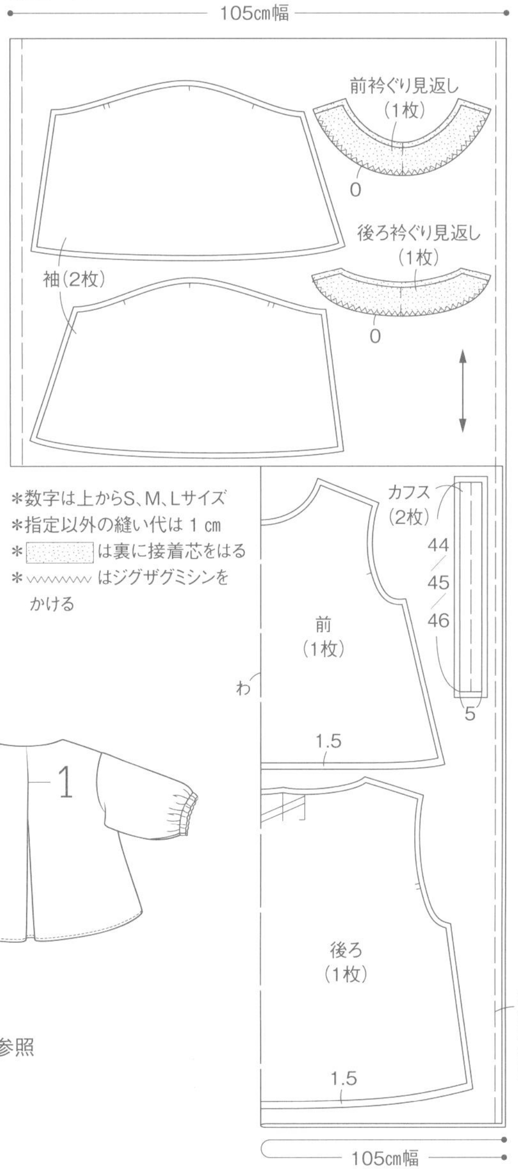

105cm幅
前衿ぐり見返し（1枚）
0
後ろ衿ぐり見返し（1枚）
0
袖（2枚）
カフス（2枚）
44
45
46
5
前（1枚）
わ
1.5
後ろ（1枚）
1.5
刺繍有効幅
105cm幅

＊数字は上からS、M、Lサイズ
＊指定以外の縫い代は1cm
＊［図］は裏に接着芯をはる
＊［図］はジグザグミシンをかける

縫い方順序

1. 後ろ中心のタックを縫止りまで縫ってたたむ → p.101参照
2. 身頃と衿ぐり見返しの肩をそれぞれ縫う → p.101参照
3. 身頃と衿ぐり見返しを中表に合わせて衿ぐりを縫う → p.101参照
4. 脇を縫う。縫い代は2枚一緒にジグザグミシンをかけ、後ろ側に倒す
5. 裾を三つ折りにして縫う → p.102参照
6. 袖下を縫い、袖口にギャザーを寄せる → p.102参照
7. 袖口にカフスをつけ、ゴムテープを通す → p.102参照
8. 袖をつける → p.102参照

T サンドイッチポーチ

page36 実物大パターンなし

出来上り寸法　ワンサイズ

幅12.5×深さ12.5×奥行き2cm

材料　ワンサイズ

a 表袋布：C&SナチュラルコットンHOLIDAY（きなり） 横16.5×縦29.4cmを1枚
b 表袋布：C&Sコットンパピエギンガムチェック（グリーン） 横16.5×縦29.4cmを1枚
c 表袋布：C&Sコットンパピエギンガムチェック（赤 7mm幅） 横16.5×縦29.4cmを1枚
d 表袋布：リバティプリント Betsy（DE エメラルド系） 横16.5×縦11.7cmを1枚、横16.5×縦16.5cmを1枚、横16.5×縦5.2cmを1枚
e 表袋布：リバティプリント Annabella（CE 赤・ピンク系） 横16.5×縦11.7cmを1枚、横16.5×縦16.5cmを1枚、横16.5×縦5.2cmを1枚
すべて共通 裏袋布：C&S海のブロード（ホワイト） 横16.5×縦29.4cmを各1枚
ファスナー：20cmを1本

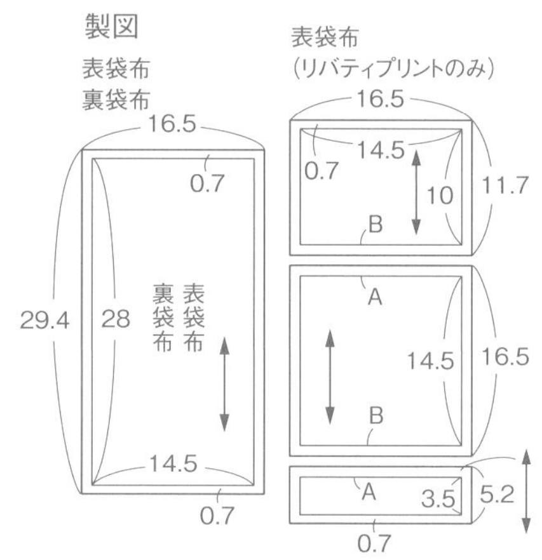

製図
表袋布
裏袋布
16.5
0.7
29.4
28
表袋布
裏袋布
14.5
0.7
表袋布
（リバティプリントのみ）
16.5
14.5
0.7
10
11.7
B
A
14.5
16.5
B
A
3.5
5.2
0.7

＊指定以外の縫い代は1cm
＊方向性のある柄の場合は出来上りの柄の向きに注意してA・Bの位置をはぎ合わせておく

縫い方順序

1
2
3

1. 表袋布にファスナーを仮どめし、裏袋布と中表に合わせてファスナー口を縫う

1
ファスナー（表）
とじる
ファスナー（裏）
0.5
①しつけをする
②裁ち端にそろえてファスナーをカットする
1
表袋布（裏）
③表袋布と裏袋布でファスナーをはさんでミシン
0.7
3.5
0.7
折り山
裏袋布（裏）
表袋布（裏）

2. 袋布をたたみ、ファスナー部分は全部一緒に縫う。残りの部分は裏袋布に返し口を残してそれぞれ縫う

3. それぞれの角にまちを縫う。表に返して整え、返し口をまつる

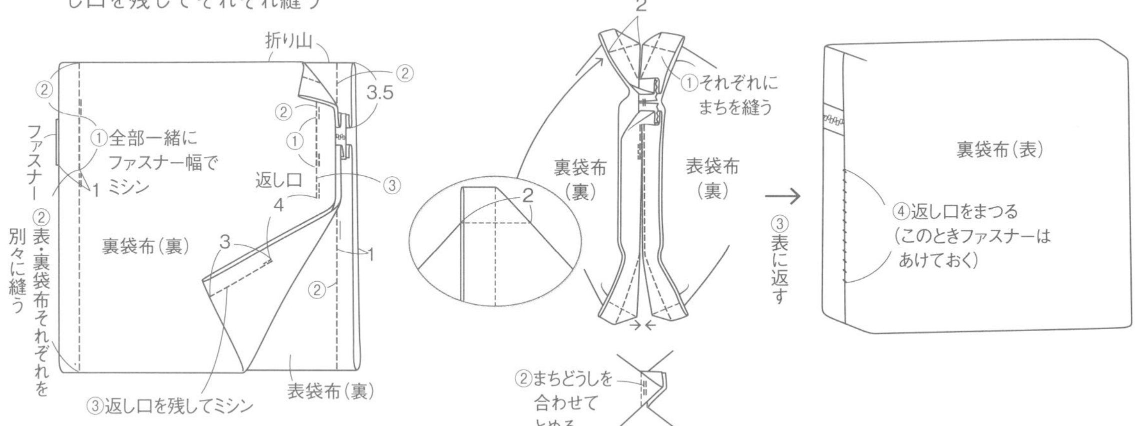

折り山
②
②
3.5
②
①
ファスナー
①全部一緒にファスナー幅でミシン
1
返し口
③
4
②表・裏袋布それぞれを別々に縫う
裏袋布（裏）
3
1
②
③返し口を残してミシン
表袋布（裏）
2
①それぞれにまちを縫う
裏袋布（裏）
表袋布（裏）
2
②まちどうしを合わせてとめる
③表に返す
裏袋布（表）
④返し口をまつる（このときファスナーはあけておく）

X カシミヤのニット帽

page47　実物大パターンB面

出来上り寸法　　ワンサイズ

頭回り　50cm

材料　　ワンサイズ

表布：C&Sカシミヤフリース（グレー） 横55×縦30cm

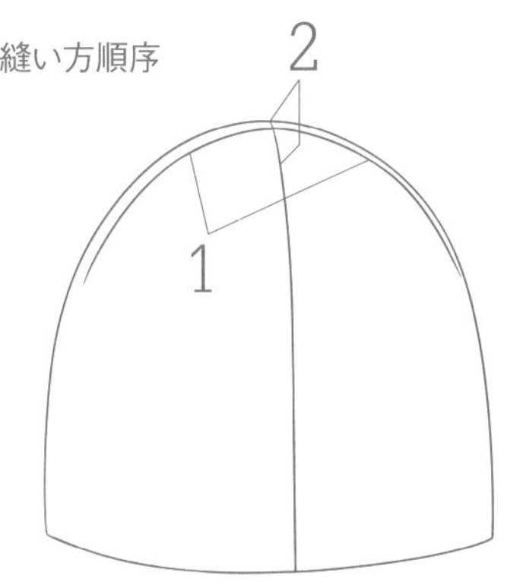
縫い方順序
2
1

裁合せ図

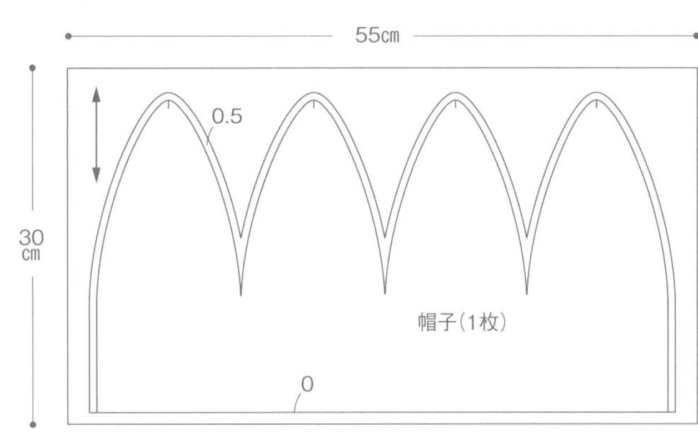
55cm
30cm
0.5
帽子（1枚）
0

1. 横側のダーツを縫う

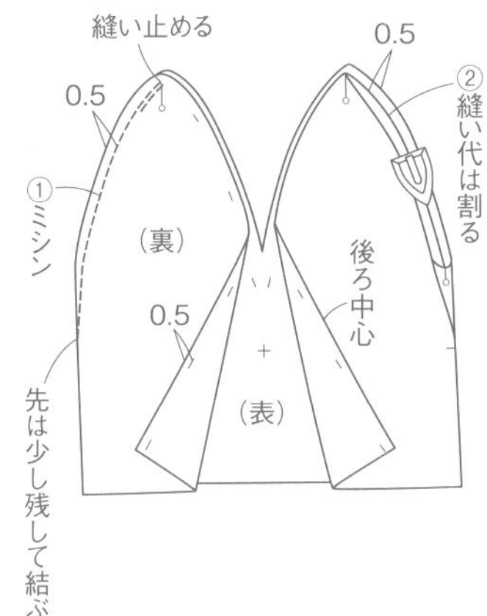
縫い止める
0.5
0.5
①ミシン
（裏）
②縫い代は割る
後ろ中心
0.5
（表）
先は少し残して結ぶ

2. 前側のダーツと後ろ中心を続けて縫う

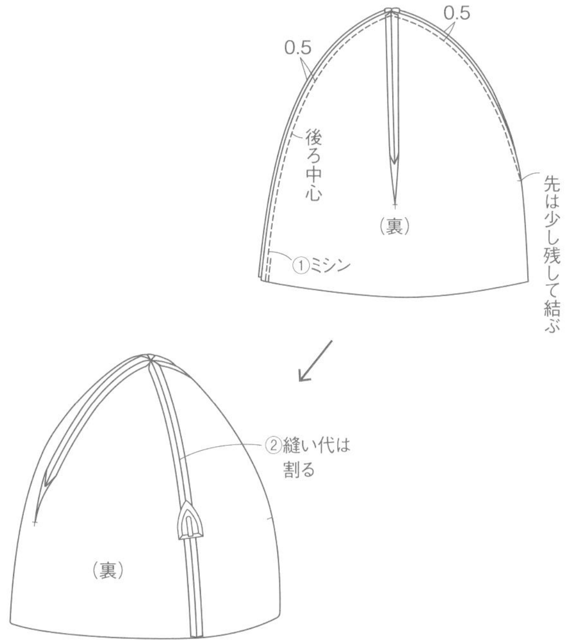
0.5
0.5
後ろ中心
（裏）
①ミシン
先は少し残して結ぶ
②縫い代は割る
（裏）

W ダブルボタンのコート

page46,50　実物大パターンA,B面

出来上り寸法	S	M	L
バスト：	127.5cm	131.5cm	136.5cm
着丈：	113cm	115cm	117cm
袖丈：	52cm	53cm	54cm

材料　左からS／M／Lサイズ

表布：p.46 ベルベット（ブラック）105cm幅 4.8m／4.9m／5m
p.50 C&Sナチュラルコットン HOLIDAY（ベージュ）110cm幅 4.8m／4.9m／5m
接着芯（前見返し、後ろ衿ぐり見返し、前後裾見返し、袖口見返し）：90cm幅 1.4m
接着テープ（前ポケット口）：1.5cm幅 40cm
ボタン：p.46 直径1.6cm（くるみボタン）10個
p.50 直径1.15cm 10個
スナップ：直径1cm 10組み

縫い方順序

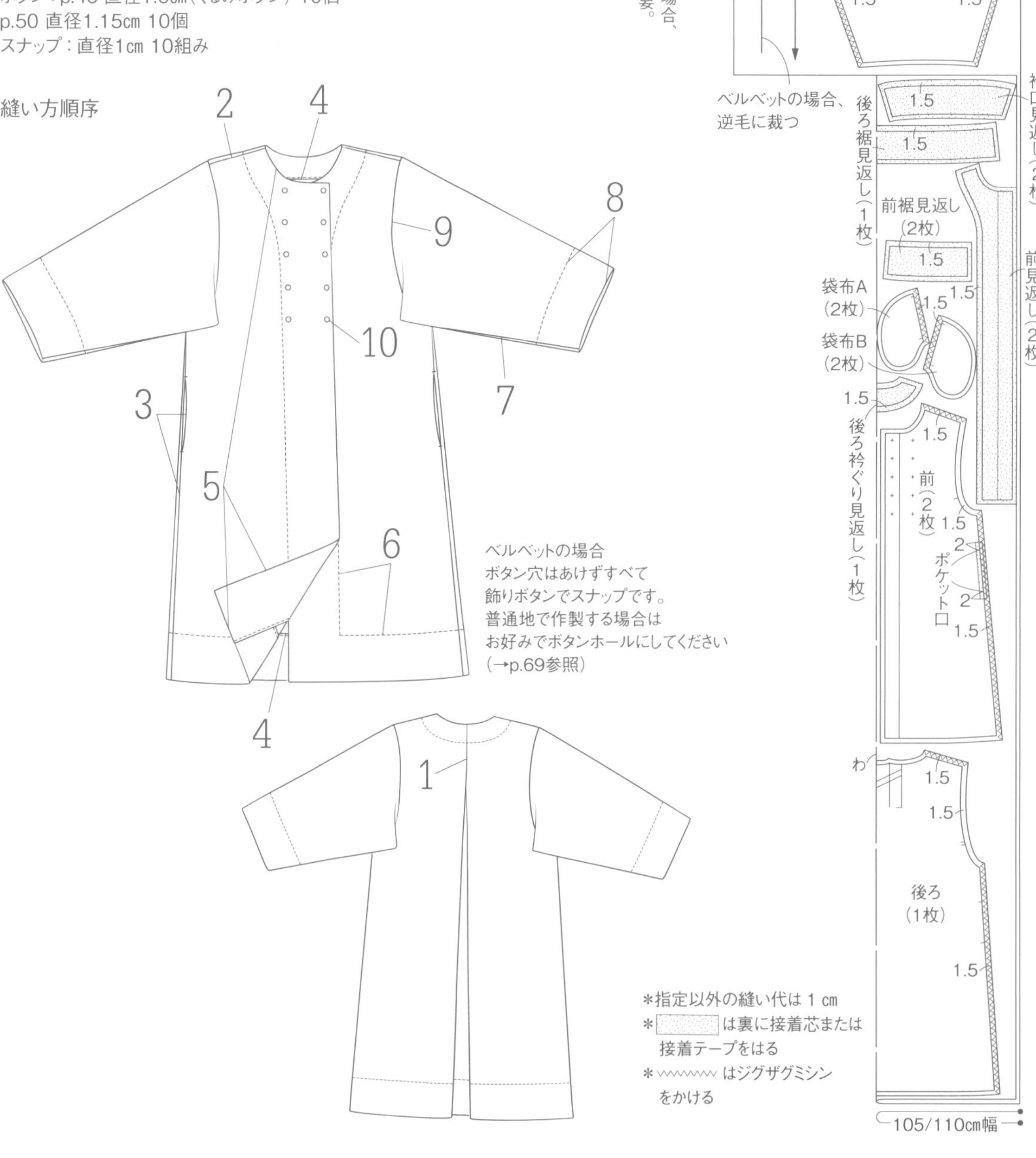

2
4
8
9
10
3
7
5
6
4
1
裁合せ図
105/110cm幅
厚みがない普通地の場合、1.5cmの縫い代部分は1cmで可。軽くて縫いずれの生じにくい布地の場合、袖口見返し、裾見返しの接着芯は不要。
1.5
袖（2枚）
ベルベットの場合、逆毛に裁つ
袖口見返し（2枚）
後ろ裾見返し（1枚）
前裾見返し（2枚）
前見返し（2枚）
袋布A（2枚）
袋布B（2枚）
後ろ衿ぐり見返し（1枚）
前（2枚）
ポケット口
2
わ
後ろ（1枚）
105/110cm幅

ベルベットの場合
ボタン穴はあけずすべて
飾りボタンでスナップです。
普通地で作製する場合は
お好みでボタンホールにしてください
（→p.69参照）

＊指定以外の縫い代は 1 cm
＊ は裏に接着芯または接着テープをはる
＊ はジグザグミシンをかける

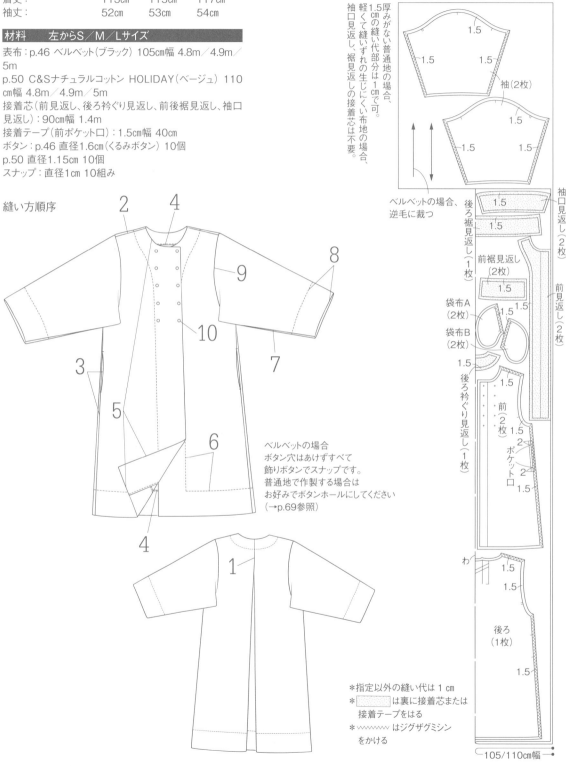

1. 後ろ中心のタックを縫止りまで縫ってたたむ → p.101参照

2. 身頃の肩を縫う

3. ポケット口を残して身頃の脇を縫い、ポケットを作る → p.108ポケットA参照

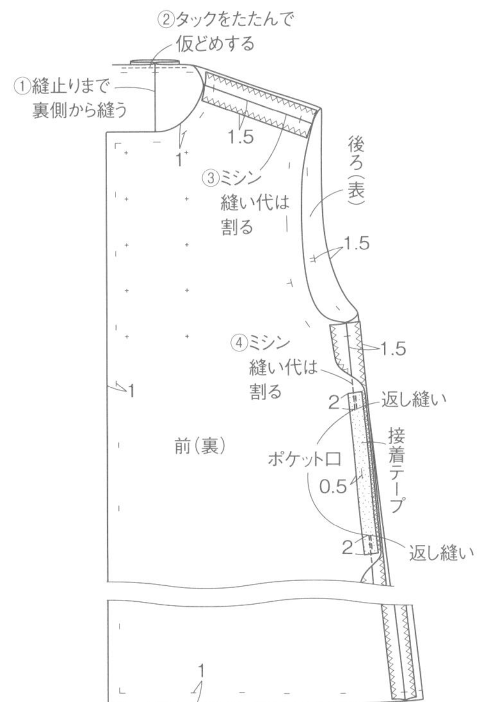
②タックをたたんで
仮どめする
①縫止りまで
裏側から縫う
1.5
1
③ミシン
縫い代は
割る
後ろ（表）
1.5
④ミシン
縫い代は
割る
1.5
1
2
返し縫い
接着テープ
前（裏）
ポケット口
0.5
2
返し縫い
1

4. 前見返しと後ろ衿ぐり見返しの肩、前後裾見返しの脇を縫う → p.68参照（ただし、各見返し奥は1.5折る）

5. 身頃と各見返しを中表に合わせて衿ぐり、前端、裾を縫う → p.68参照

6. 各見返しの奥をミシンでとめる

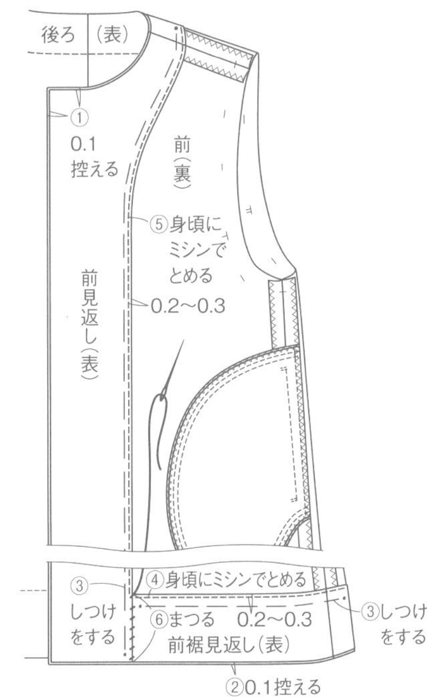
後ろ（表）
①
0.1
控える
前（裏）
⑤身頃に
ミシンで
とめる
前見返し（表）
0.2〜0.3
③
しつけ
をする
④身頃にミシンでとめる
⑥まつる
0.2〜0.3
前裾見返し（表）
③しつけ
をする
②0.1控える

7. 袖下と袖口見返しの袖下をそれぞれ縫う

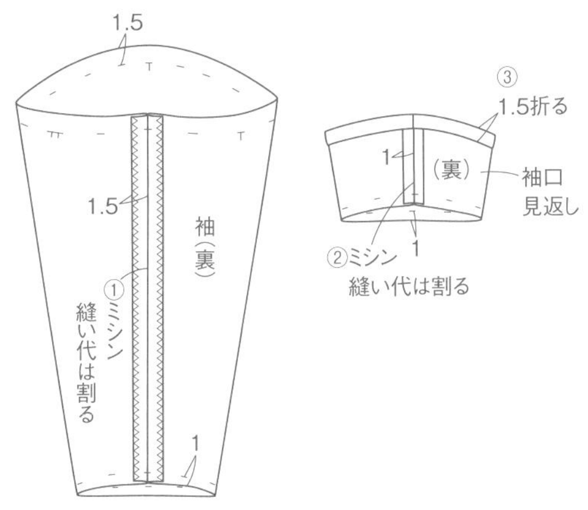
1.5
1.5
袖（裏）
①ミシン
縫い代は割る
1
③
1.5折る
1
（裏）
袖口
見返し
②ミシン
縫い代は割る
1

8. 袖と袖口見返しを中表に合わせて袖口を縫う

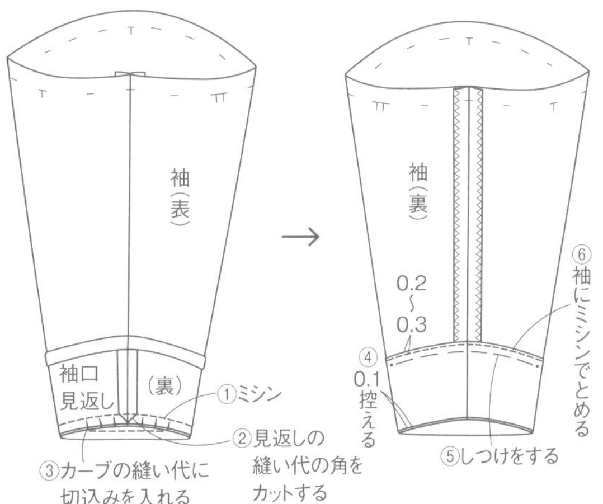
袖（表）
袖口
見返し
（裏）
①ミシン
②見返しの
縫い代の角を
カットする
③カーブの縫い代に
切込みを入れる
袖（裏）
0.2
〜
0.3
④
0.1
控える
⑤しつけをする
⑥
袖にミシンでとめる

9. 袖をつける → p.102参照

10. ボタンとスナップをつける → p.110参照

A. ポケットAの縫い方（脇の縫い代を割る方法）

《準備》

・袋布ABのポケット口にジグザグミシンをかける

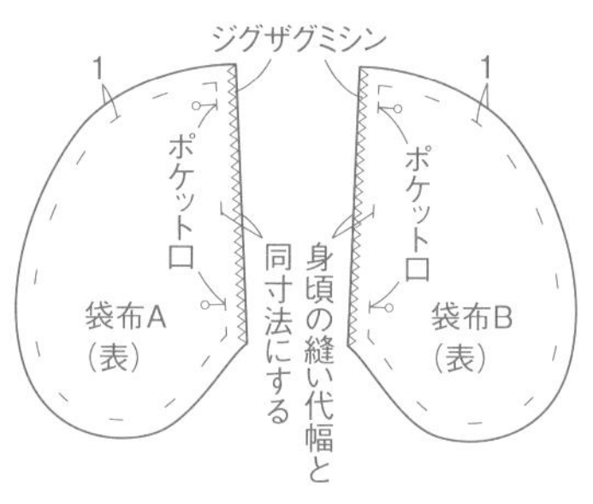

ジグザグミシン
1
1
ポケット口
ポケット口
身頃の縫い代幅と同寸法にする
袋布A（表）
袋布B（表）

・前身頃のポケット口に接着テープをはり、前後の脇にジグザグミシンをかける

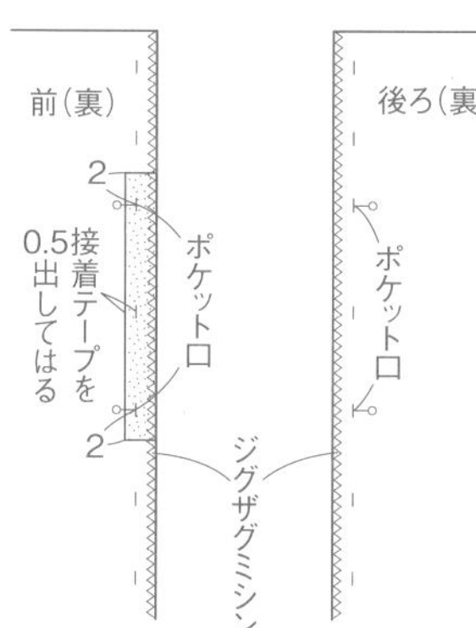

前（裏）
後ろ（裏）
2
0.5出してはる
接着テープを
ポケット口
2
ジグザグミシン
ポケット口

①ポケット口を残して脇を縫う。縫い代は割る

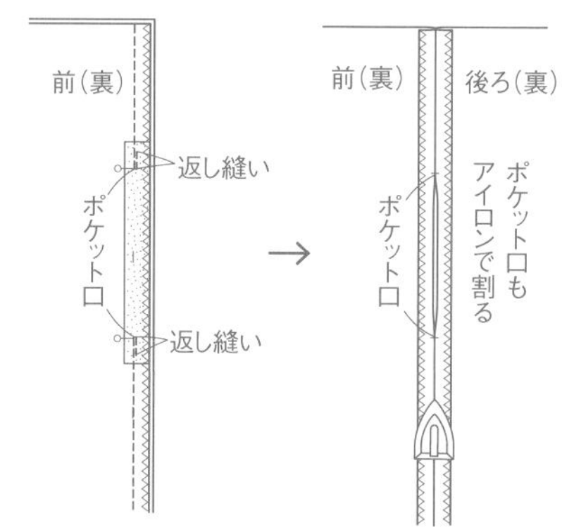

前（裏）
返し縫い
ポケット口
返し縫い
前（裏）
後ろ（裏）
ポケット口
ポケット口もアイロンで割る

②前身頃の縫い代に袋布Aをまち針でとめ、身頃側からポケット口にミシンをかける

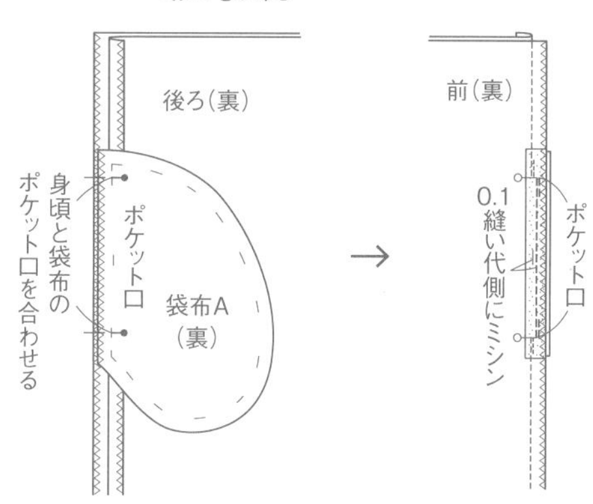

後ろ（裏）
身頃と袋布のポケット口を合わせる
ポケット口
袋布A（裏）
前（裏）
0.1縫い代側にミシン
ポケット口

③ポケット口の上下に切込みを入れて折り返し袋布のポケット口をミシンで押さえる

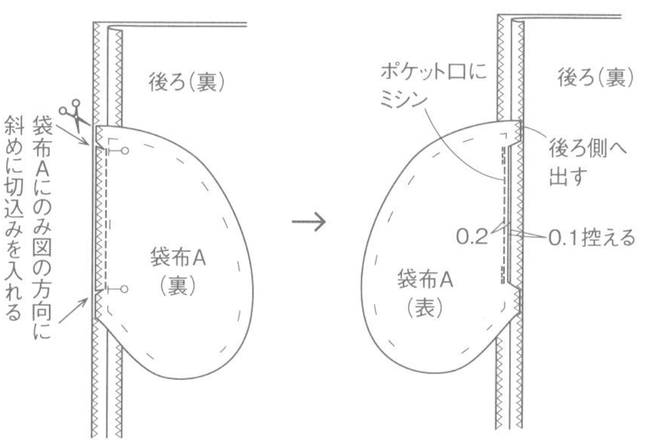

後ろ（裏）
袋布Aにのみ図の方向に斜めに切込みを入れる
袋布A（裏）
ポケット口にミシン
後ろ（裏）
後ろ側へ出す
0.2
0.1控える
袋布A（表）

④袋布ABを中表に合わせて後ろ身頃の縫い代に袋布Bをまち針でとめ、身頃側からポケット口にミシンをかける

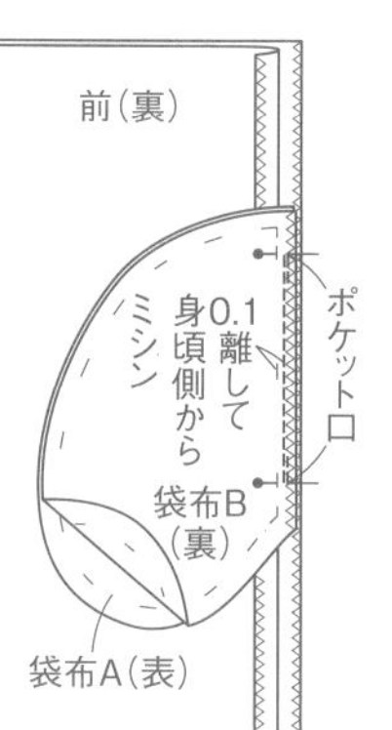

前（裏）
ポケット口
0.1離して身頃側からミシン
袋布B（裏）
袋布A（表）

⑤袋布の周囲を縫いジグザグミシンをかける

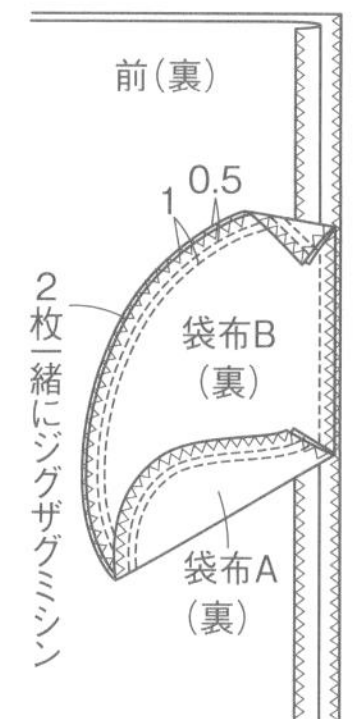

前（裏）
1
0.5
2枚一緒にジグザグミシン
袋布B（裏）
袋布A（裏）

⑥後ろ身頃の縫い代に袋布の端をミシンでとめる。袋布の上下を縫い代にまつる

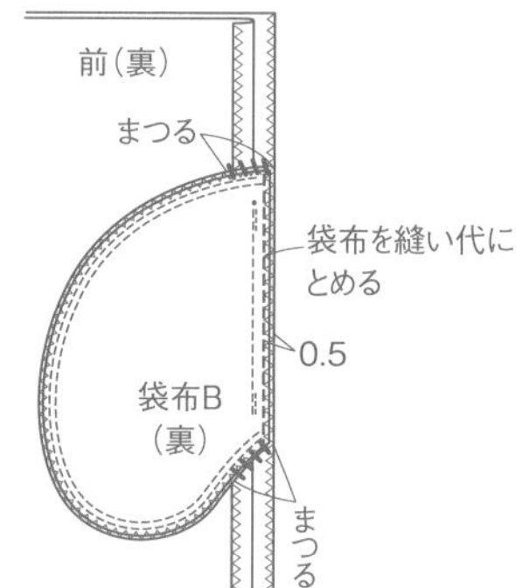

前（裏）
まつる
袋布を縫い代にとめる
0.5
袋布B（裏）
まつる

⑦身頃側から袋布Bまで通してポケット口の上下に3回ミシンをかける

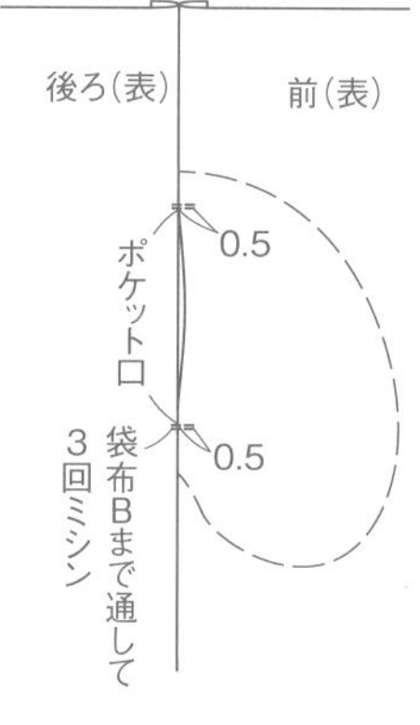

後ろ（表）
前（表）
0.5
ポケット口
0.5
袋布Bまで通して3回ミシン

B. ポケットBの縫い方（脇の縫い代を後ろに倒す方法）

《準備》

・袋布Aのポケット口にジグザグミシンをかける

・前身頃のポケット口に接着テープをはり、前ポケット口にのみジグザグミシンをかける

①ポケット口を残して脇を縫う。ポケット口の縫い代は割り、その他は後ろ側に倒す

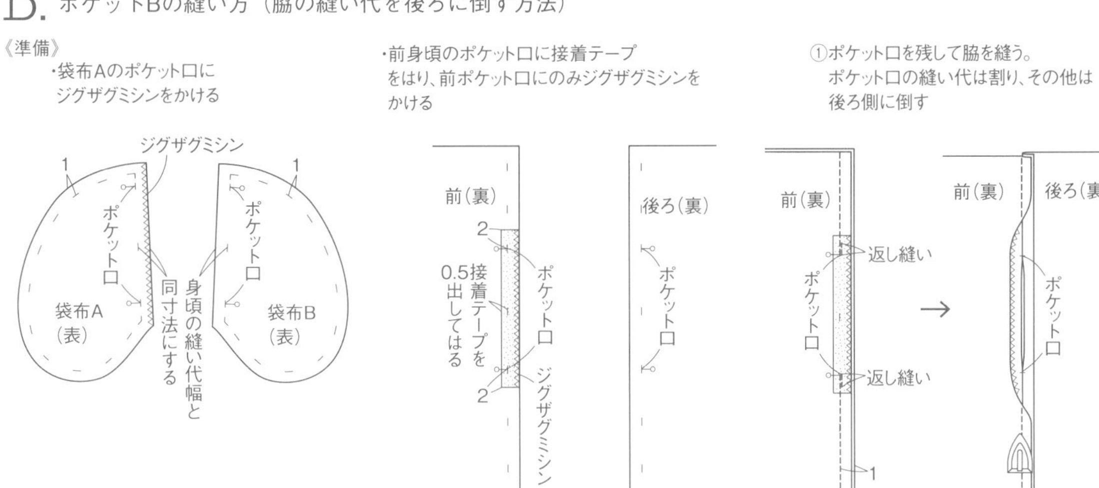

ジグザグミシン
1
ポケット口
袋布A（表）
同寸法にする
身頃の縫い代幅と
袋布B（表）
前（裏）
2
0.5出してはる
接着テープを
ポケット口
ジグザグミシン
後ろ（裏）
返し縫い
1
後ろ（裏）

②前身頃の縫い代に袋布Aをまち針でとめ身頃側からポケット口にミシンをかける

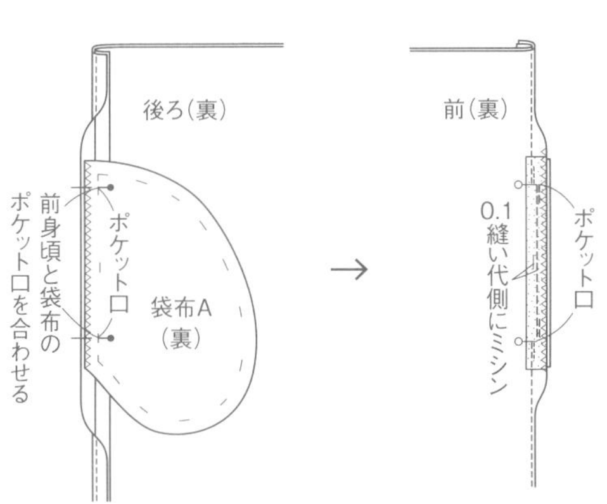

後ろ（裏）
前身頃と袋布のポケット口を合わせる
ポケット口
袋布A（裏）
前（裏）
0.1縫い代側にミシン

③ポケット口の上下に切込みを入れて袋布を折り返し袋布のポケット口をミシンで押さえる

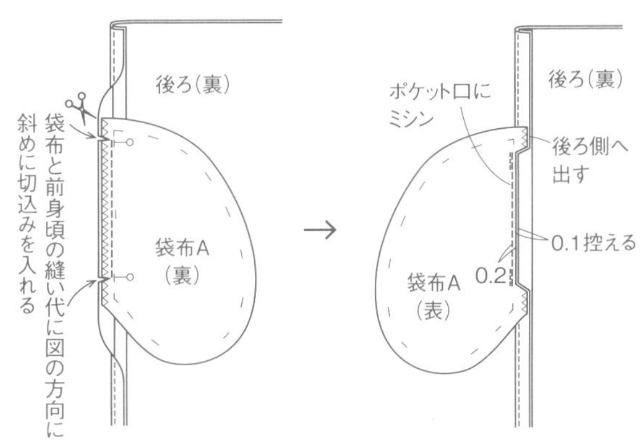

後ろ（裏）
袋布と前身頃の縫い代に図の方向に斜めに切込みを入れる
袋布A（裏）
ポケット口にミシン
後ろ側へ出す
0.1控える
0.2
袋布A（表）

④袋布ABを中表に合わせて後ろ身頃の縫い代に袋布Bをまち針でとめ、身頃側からポケット口にミシンをかける

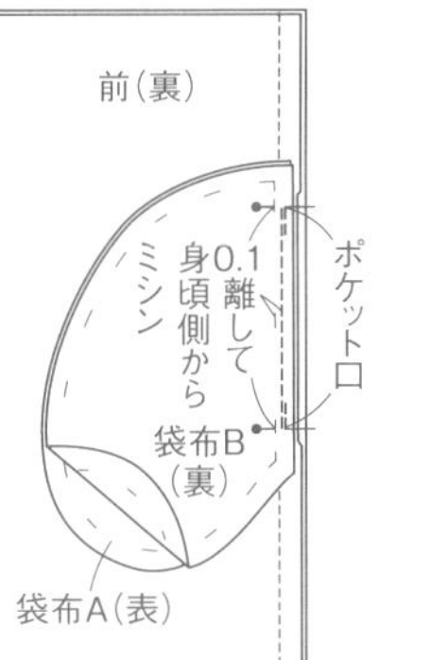

前（裏）
身頃側からミシン
0.1離して
ポケット口
袋布B（裏）
袋布A（表）

⑤袋布の周囲を縫いジグザグミシンをかける

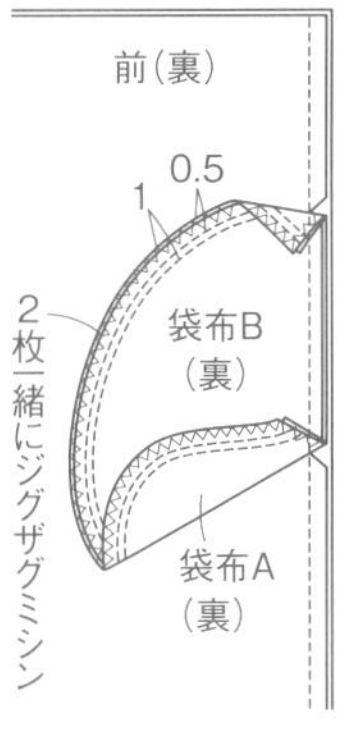

前（裏）
0.5
1
2枚一緒にジグザグミシン
袋布B（裏）
袋布A（裏）

⑥後ろ身頃の縫い代に袋布の端をミシンでとめ、前後一緒にして脇のジグザグミシンをかける。袋布の上下を縫い代にまつる

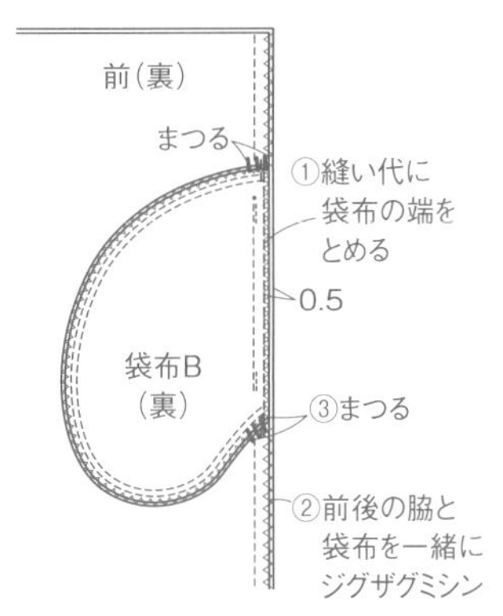

前（裏）
まつる
①縫い代に袋布の端をとめる
0.5
袋布B（裏）
③まつる
②前後の脇と袋布を一緒にジグザグミシン

⑦身頃側から袋布Bまで通してポケット口の上下に3回ミシンをかける

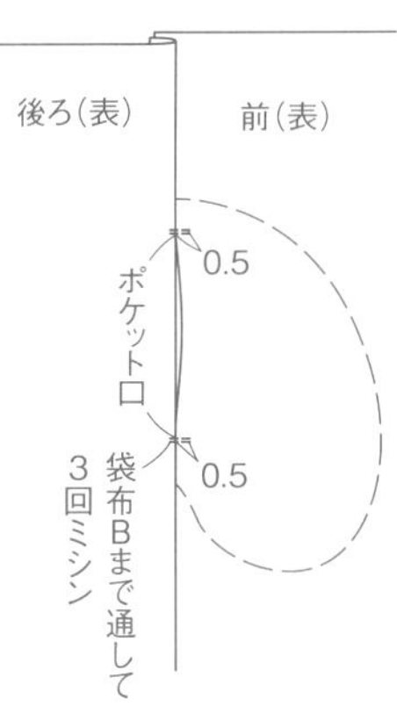

後ろ（表）
前（表）
0.5
ポケット口
袋布Bまで通して3回ミシン
0.5

Basic Techniques

ボタンのつけ方

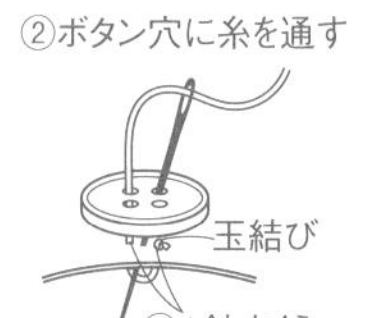

②ボタン穴に糸を通す
玉結び
①1針すくう

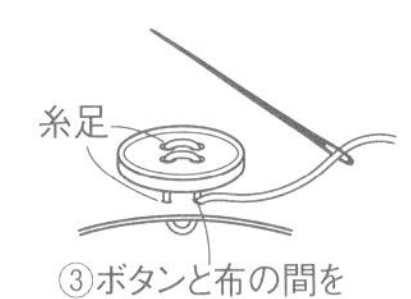

糸足
③ボタンと布の間を
浮かせて、2〜3回
糸を通す

④糸足に上から下へ
糸を巻く

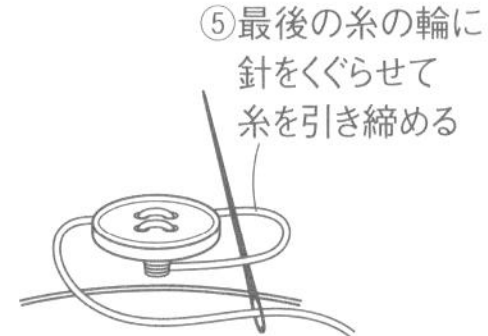

⑤最後の糸の輪に
針をくぐらせて
糸を引き締める

⑦針を表に出して
糸を切る

⑥布地の裏に
針を出して玉止め

スナップのつけ方

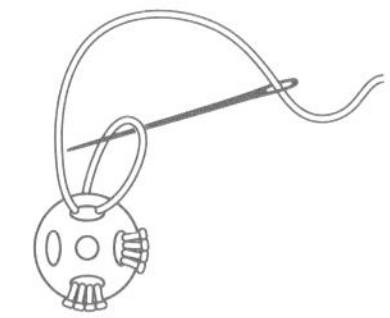

①糸の輪に針を通して糸を
引いて結び玉を作り、
とめつける

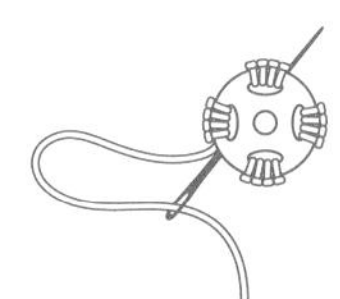

②最後は、玉止めをして
スナップの下に引き込んで
糸を切る

糸ループ

穴かがりの要領で作る方法

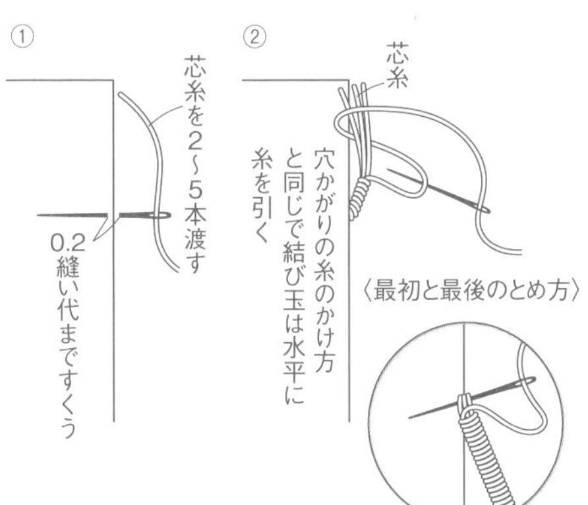

①
芯糸を2〜5本渡す
0.2
縫い代まですくう
②
芯糸
穴かがりの糸のかけ方と同じで結び玉は水平に糸を引く
〈最初と最後のとめ方〉

鎖編みで作る方法

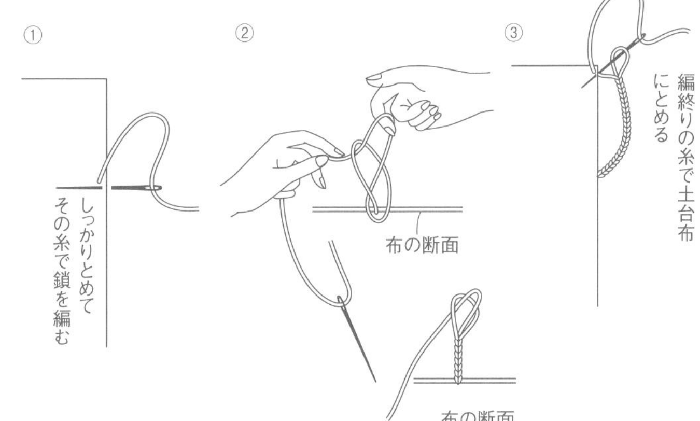

①
しっかりとめてその糸で鎖を編む
②
布の断面
布の断面
③
編終りの糸で土台布にとめる

布ループ

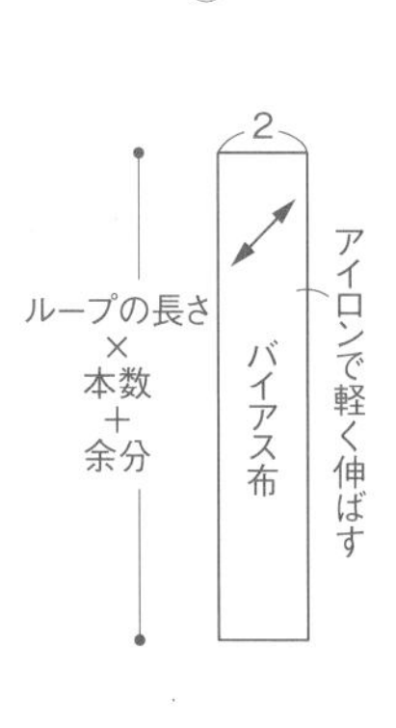

①
2
ループの長さ
×
本数
＋
余分
アイロンで軽く伸ばす
バイアス布

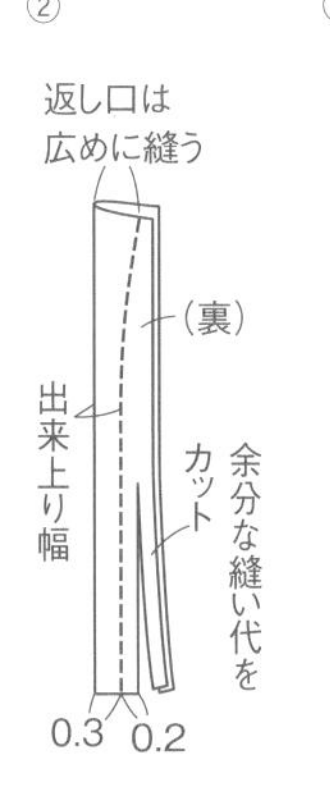

②
返し口は
広めに縫う
（裏）
出来上り幅
余分な縫い代をカット
0.3
0.2

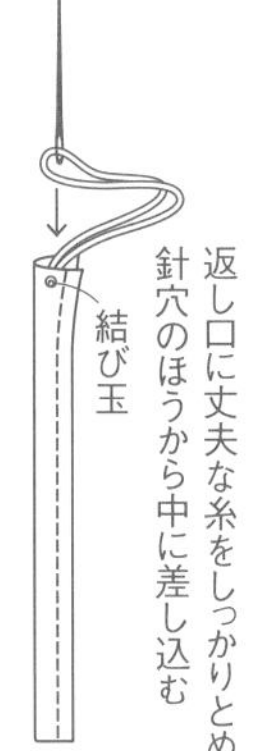

③
結び玉
返し口に丈夫な糸をしっかりとめ、針穴のほうから中に差し込む

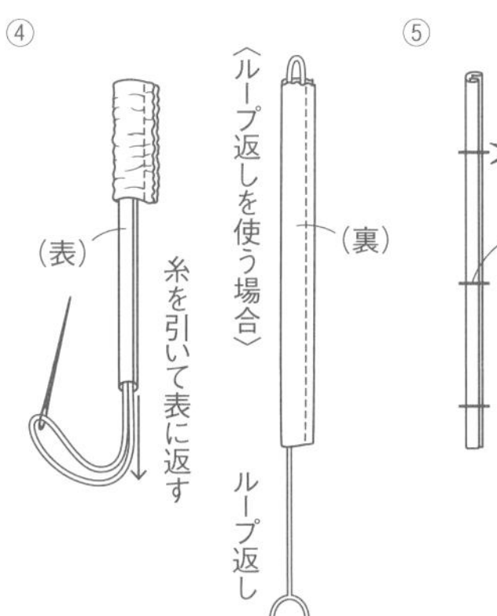

④
（表）
糸を引いて表に返す
〈ループ返しを使う場合〉
（裏）
ループ返し

⑤
必要な長さと本数でカットする

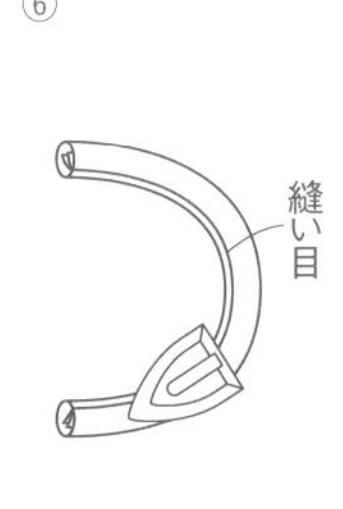

⑥
縫い目

縫い目を内側にして
アイロンで形を
整える

布地の名称

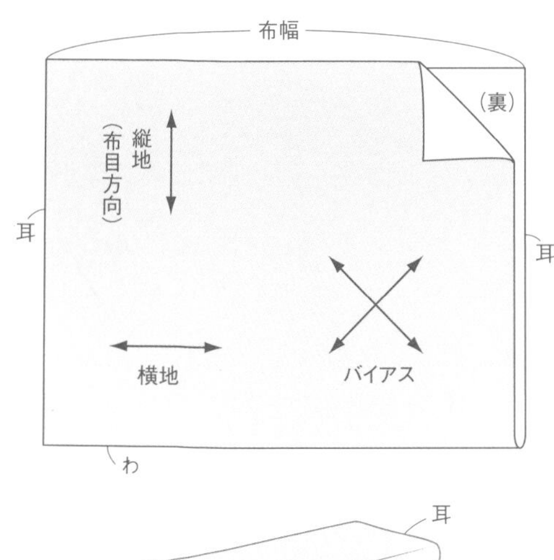
布幅
(裏)
縦地
(布目方向)
耳
耳
横地
バイアス
わ
耳
耳
布幅

●布目
布地のたて糸とよこ糸の織り目のこと。
●縦地＝布目方向
布地のたて糸の方向。耳に対して平行。伸びにくいので、
原則としてパターンの布目線（ ←→ ）は縦地と合わせます。
●横地
布地のよこ糸の方向。耳に対して垂直。縦地に比べて伸びます。
●バイアス
布目に対して45°のこと。よく伸びるため、
テープ状（バイアステープ）にして縁とりになどに使います。
●布幅
布地の耳から耳までの距離のこと。
布幅によって、布地の必要量が違ってくるので、購入するときはよく確かめましょう。
●耳
布地の両端のほつれない部分のこと。

地直し

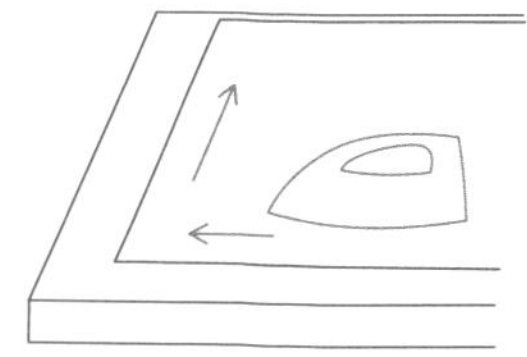

裁断する前に、水通しをし、アイロンをかけます。
この際、アイロン台と耳を平行に置き、
角が直角になるように、ゆがみを伸ばして布目を整えます。

布目の通し方

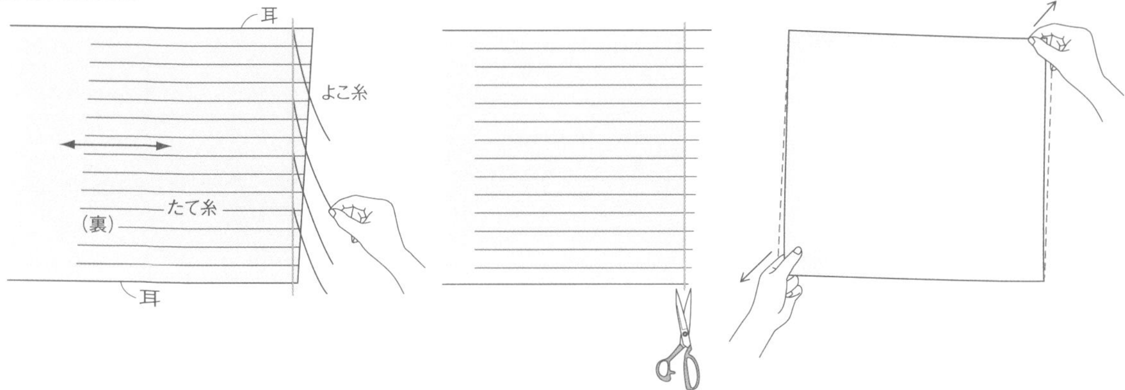
耳
よこ糸
たて糸
(裏)
耳

①布地の切り口が斜めになっている状態を正すために、裁ち端からよこ糸が1本通るまで抜きます

②はみ出したたて糸をカットします

③ゆがみが確認されるようなら、角を引っ張って整え、アイロンをかけます

企画・プロデュース・文　在田佳代子（CHECK＆STRIPE）

撮影　大段まちこ
安田如水（文化出版局／p.43,44,48-55）
スタイリング　田中美和子
ブックデザイン　本田喜子
モデル　花梨
琉花
ヘアメイク　廣瀬瑠美

洋服・小物デザイン　CHECK＆STRIPE
洋服・小物デザイン監修　田中美和子
パターン・作品製作　中村有里
CHECK＆STRIPE
パターングレーディング　上野和博

作り方解説　助川睦子
トレース　大楽里美
DTP製作　文化フォトタイプ
パターン配置　白井史子
校閲　向井雅子
編集　三角紗綾子（文化出版局）

CHECK＆STRIPE（Sewing Remedyチーム）:　在田佳代子　辻岡雅樹　三浦千穂　柴田奈津子

撮影協力　ムーゼの森 ピクチャレスク・ガーデン（軽井沢）
AWABEES　UTUWA

CHECK＆STRIPEのおとな服　ソーイング・レメディー

2021年 3月 6日　第1刷発行
2024年 9月19日　第4刷発行
著者　CHECK＆STRIPE
発行者　清木孝悦
発行所　学校法人文化学園 文化出版局

〒151-8524 東京都渋谷区代々木 3-22-1
TEL. 03-3299-2487（編集）
TEL. 03-3299-2540（営業）
印刷・製本所　株式会社文化カラー印刷

文化出版局のホームページ
https://books.bunka.ac.jp/